CAMINO HACIA EL SILENCIO

Esteve Humet

CAMINO HACIA EL SILENCIO

Pedagogía del despertar interior

Herder

Diseño de la cubierta: Collage Comunicació

© 2005, Esteve Humet
© 2013, Herder Editorial, S.L., Barcelona

1ª edición, 3ª impresión, 2021

ISBN: 978-84-254-2953-8

Cualquier forma de reproducción, distribución, comunicación pública o transformación de esta obra solo puede ser realizada con la autorización de sus titulares, salvo excepción prevista por la ley. Diríjase a CEDRO (Centro de Derechos Reprográficos) si necesita reproducir algún fragmento de esta obra (www.conlicencia.com)

Imprenta: Qpprint
Depósito legal: B-4498-2013
Printed in Spain – Impreso en España

Herder
www.herdereditorial.com

Índice

Prólogo, de Javier Melloni 9

Introducción 13

1. Preparándonos 19
2. Primeros pasos: conciencia del cuerpo 26
3. Respirando 30
4. Descubriendo el Yo 33
5. En el presente 41
6. Jugando con la energía 44
7. Jugando con la luz 47
8. Luz que procede de lo alto 51
9. Llama de fuego 53
10. Identificándonos con la Creación 56
11. Fantasía del árbol 59
12. Río que desemboca en el mar 63
13. Repitiendo una palabra o frase:
    el mantra 66
14. Meditando con OM 72
15. Meditando con música 75

16. Escuchar el silencio de la naturaleza	78
17. Respirar amor	80
18. Abriéndonos desde cada *chacra*	83
19. Abriéndonos desde todo el ser	91
20. Descansar en el Absoluto	94
21. Yo soy tú	98
22. Expansión – Contracción de Conciencia.	103
23. Ser – Conciencia de Ser – Felicidad de Ser *(Saccidananda)*	105
24. Aceptación total de todo	107
25. Agradecimiento	111
26. Intercesión	116
27. Perdón	121
28. Alabanza	124

REFLEXIONES QUE PUEDEN AYUDAR

29. Las mediaciones	129
30. Los rituales	135
31. Las experiencias	139
32. La «Noche»	144
33. La guarda del pensamiento	150
34. El deseo y el miedo	156
35. Meditación y vida	160
36. Maduración psicológica y meditación	165
37. Meditación en grupo	173
Epílogo. Mi decálogo	177

Prólogo

Para ir al silencio hay que venir del silencio. Para desearlo, hay que haber estado largamente en él. Solo quien lo ha saboreado, padecido y se ha dejado transformar durante años puede hablar de él sin profanarlo.

Esteve Humet puede indicar el camino del silencio porque lo ha transitado previamente. Esto se percibe en cada página, en cada línea, en cada letra de este libro. No profana el Misterio, tan solo lo indica. Todos somos capaces de discernir entre palabras vacías y palabras llenas. Las palabras aquí contenidas nos llegan plenas de sentido.

Necesitamos de los místicos y de los exploradores. Tras su apariencia de seres solitarios, son profundamente comunitarios, pero su comunidad no pasa por la inmediación de la proximidad física, sino que requiere una distancia que es condición para la profundidad y la lucidez. Saben que para poder iniciar a otros en el camino interior hay que haberlo recorrido previamente.

A su vez, todo maestro ha sido antes discípulo. Y así lo reconoce el autor. En estas páginas resuena la herencia de dos grandes maestros que Esteve ha tenido el don de conocer: el padre Estanislau, monje ermitaño al que trató en Montserrat, y Tony de Mello, con el que convivió durante seis meses en el curso de *Sadhana* que impartía en la India.

Su vida es una alternancia entre palabra y silencio. Diferentes parajes han contenido su recogimiento, así como son frecuentes sus idas a la India, impregnación que se refleja de diversos modos en las páginas que siguen. Desde hace unos años, vive en Mallorca, lo cual no deja de evocarnos a aquel otro místico, Ramon Llull, que se retiró a la montaña de Randa, en la cual recibió luz para escribir un método contemplativo (un Arte) que ayudara a encontrar a Dios.

De un modo no lejano, el presente libro no es ni teórico ni especulativo, sino iniciático. Por ello, la mayoría de los capítulos están presentados como ejercicios. Esto no lo convierte en un mero manual del caminante. Puede serlo, pero es mucho más, porque para que tenga efectos requiere una implicación personal. Solo si se da tal entrega, conduce a una transformación. Porque los ejercicios crean hábitos y los hábitos, estados.

En su propuesta se pueden distinguir tres partes: del capítulo 1 al 28 propone unos ejercicios que describen un recorrido que va desde la conciencia corporal y la respiración hasta el éxtasis en el Tú de Dios que nos adentra en el Todo. Llegados hasta aquí, incorpora todavía algún ejercicio que retoma ciertos estados psíquicos y devocionales que forman parte de nuestra manera de relacionarnos con Dios en cuanto Ser personal.

A partir del capítulo 29, se suceden otros donde el autor comparte sus propias reflexiones antropológicas, así como los nexos que existen entre la psicología y la espiritualidad. Desde hace años, él mismo trabaja en la integración de estos dos campos en los diversos talleres que imparte dentro y fuera de la isla. En verdad, todo el libro es un camino hacia la integración de las diversas dimensiones de la persona y la vida. Así lo explicita: «La meditación ensancha el ámbito de nuestra implicación ya que despierta un sentido mucho más agudo de comunión y solidaridad».

Por último, llegamos a su decálogo. Así como Moisés en el Sinaí recibió con los diez mandamientos la claridad de un modo de comportarse que conduce a un modo de ser, así también Esteve Humet ofrece la síntesis de su propia sabiduría en diez frases. Si la experiencia bíblica es la consecuencia de ese contacto con Dios como *El que es* (Ex 3,14), la confesión final del autor es que no hay otra forma de alcanzar a Dios más que *siendo,* porque Dios es la plenitud del ser que deja ser en plenitud.

No podemos sino sentirnos agradecidos de que tanto él como los editores nos ofrezcan la oportunidad de recorrer estas páginas hacia «los espacios infinitos del corazón», a los cuales se llegará tan hondo como uno se disponga con confianza y constancia a transitarlos.

Javier Melloni

Introducción

Hace 22 años, me visitó un amigo que había pasado tres en la India, y me trajo unas fotocopias que rápidamente captaron mi atención: en solo tres folios había resumidos unos 40 ejercicios para ayudar –individualmente o en grupo– a despertar a la interioridad y acompañar hacia el silencio interior.

El autor era un jesuita indio –a la sazón desconocido para mí–, Tony de Mello, quien años más tarde se convertiría en una de las personas que más influiría en mi vida y que más me ayudaría a través de su testimonio personal, su aprecio y su enseñanza.

Lo curioso del caso es que aquel amigo había guardado aquellas fotocopias más de seis o siete años, desde su vuelta de la India, sin habérmelas mostrado. Y justo al día siguiente de hacerlo, me llegó una propuesta de una editorial pidiéndome que tradujese el original inglés de esos mismos ejercicios, ahora ya más ampliados y configurados en forma de libro.[1] Se hizo la traducción y el libro gozó de una notable acogida.

Unos años más tarde, la vida me llevó a conducir sesiones de grupo para ayudar a descubrir el Silencio interior. Y en esto ha consistido, con más o menos intensidad, una parte importante de mi trabajo hasta el día de hoy, compaginado con grupos de crecimiento personal (en que se contemplan por igual la vertiente psicológica y corporal) y la terapia individual.

Precisamente a partir de la práctica terapéutica pensé que el poner por escrito este camino de iniciación a la meditación, tal como lo he ido practicando con grupos, podría ayudar, no tanto a las personas ya iniciadas en el camino de la meditación o que practican asiduamente alguna forma de oración a partir de su creencia religiosa, sino sobre todo a aquellas que oyen hablar del tema y desean entrar vivencialmente en él, pero no encuentran a nadie que les ayude en esta exploración. No son raras las personas que me han manifestado esta inquietud en algún momento de mi práctica profesional como psicólogo.

Si esta decisión ha sido acertada o no, me lo mostrará la misma vida. Los que conocen la obra de Tony de Mello percibirán inmediatamente cómo me he

---

[1] Anthony de Mello, *Sadhana. Un camino de oración,* Santander, Sal Terrae, 1979.

aprovechado de su sabiduría, además de la de otros maestros, entre los cuales ocupa un lugar destacado el padre Estanislau Mª Llopart, ermitaño benedictino de Montserrat, que me inició en este camino.

En principio, amigo lector, permíteme que te dé alguna pauta para que este libro te resulte de mayor provecho: puedes comenzar haciendo una lectura seguida del libro, a partir de la cual decidir si simplemente aprovechas algún aspecto que pueda servirte de ayuda en tu propio camino de interioridad, o si sigues los ejercicios tal como están presentados. En este caso, te recomendaría que los siguieses en el orden en que los encuentres, y que practiques cada ejercicio unas cuantas veces, por ejemplo durante una semana, antes de pasar al siguiente. Pronto constatarás que algunos te resultan más agradables o fáciles que otros: hay personas que tienen más facilidad para *visualizar* que para *sentir*, y otras, porque son más *auditivas*, se sienten muy cómodas repitiendo interiormente una palabra o frase y, en cambio, les cuesta más ayudarse a través de imágenes internas. Aquí encontrarás una doble opción: o bien seguir los ejercicios que espontáneamente te resulten más fáciles, o bien intentar también los otros, y así ejercitar lo que no te resulta tan fácil y enriquecer tus capacidades interiores. Yo te recomendaría que lo probases todo, sin descartar ningún ejercicio de entrada, y que con el tiempo vayas quedándote con aquellas prácticas que notes que te facilitan más el *salto interior al Silencio*.

Los ejercicios que propongo quieren ser ayudas más que vínculos. Todos son relativos y, por tanto, opcionales. Todos son *medios* y no fines: el único fin es la plenitud del Silencio (por decirlo de alguna manera), y *«Eso»* trasciende cualquier medio. Sé, pues, lo bastante flexible como para compaginar el plan que te propongo con tu propia sabiduría interior, a la cual apelo en última instancia y en la cual confío plenamente.

Si optas por comenzar a practicar los ejercicios sin haberte leído antes el libro completo, te recomendaría que, como mínimo, leyeses los capítulos finales –«Reflexiones que pueden ayudar»–, de género más directamente temático que los ejercicios, porque pueden así serte útiles desde el principio.

La experiencia me ha mostrado la riqueza de practicar el silencio en grupo, pues se crea una atmósfera especial que ayuda intensamente a todos, pero en particular a aquellos que comienzan y que experimentan más dificultad en practicar solos. Quizás lo hayas vivido ya. Si no, te invito a probarlo. De hecho, los ejercicios tal como te los presento reflejan mi propia práctica grupal.

A través de las diferentes tradiciones espirituales, he constatado que si bien existen diferencias en lo que respecta al lenguaje y, en general, a los medios que pretenden conducirnos hacia los últimos niveles de realización de la persona, cuando se refieren a estos medios coinciden en señalar la pobreza de las palabras y se mueven más cómodas en una teología «apofática» o negativa: resulta más fácil hablar de lo que el Absoluto *no es* que de lo que *es*. Y cuando hablan de Él en cuanto Ser, lo hacen refiriéndose al *Ser de todo,* sin que nada quede excluido. Y aún resulta más apropiado ni siquiera mencionarlo porque Él trasciende todo concepto y expresión verbal.

En este sentido, he intentado que estos ejercicios fuesen básicamente existenciales, de tal manera que cada persona pueda hacerlos compatibles con sus propias creencias y opciones religiosas, siendo respecto a ellas más un complemento que un sustituto. Si en algún momento lees alguna afirmación que no te resulte cómoda, preferiría que no perdieras tiempo discutiéndola interiormente, sino que te quedaras tranquilamente con tu punto de vista y continuaras tu propia búsqueda interior, aprovechando de los ejercicios lo que te resulte asumible desde tus creencias. Permíteme, no obstante, remarcar que el último *despertar* siempre trasciende los conceptos mentales y que no en vano los místicos hablan de las *noches* interiores para referirse a las fases del camino en que ya no es posible aferrarse a ninguna experiencia sensible ni a ningún concepto o creencia, para encontrar seguridad en ellos, y uno se ve impelido a *saltar* hacia un gran Vacío liberador en el que los límites entre el *yo* del individuo y el *Tú* del Absoluto se difuminan en una *no-dualidad* que lo abraza todo, a la vez que respeta la identidad de cada individuo y criatura. Con esto quiero decirte que si te implicas a la hora de seguir estos ejercicios, creo que te aprovechará más si lo haces desde un corazón sencillo y abierto y no desde una mente excesivamente analítica que pretenda objetivarlo todo.

1

Preparándonos

Antes de referirme propiamente a los ejercicios de meditación, permíteme hacer algunas consideraciones generales que quizás te ayuden.

Meditar es aprender a vivir en profundidad, no solo durante la meditación,[2] sino todo el día. El rato que dedicamos más específicamente a ello es un tiempo intenso de aprendizaje y atención que va despertando un *trasfondo* de conciencia que se mantiene más o menos despierto a lo largo del día y que va configurando una determinada manera de relacionarnos con noso-

---

[2] El término «meditación» se ha utilizado, en nuestro contexto occidental, para referirse a una reflexión a la vez intelectual y contemplativa a partir de un texto inspirado. En el mundo oriental el término se refiere más directamente a una práctica conectada con el silencio interior, tanto en su objetivo final como en el mismo proceso. La actividad del intelecto estaría, por tanto, más relacionada con el primer sentido.

tros mismos, los demás y el mundo. A este trasfondo es al que me refiero cuando hablo de *silencio* a lo largo de este libro. Silencio, pues, querría decir algo más que un puro tener la mente en blanco. Estaría más bien relacionado con el Ser –el *trasfondo*–, más allá de pensamientos, sensaciones o sentimientos, pero no necesariamente incompatible con ellos. En cuanto *estado de conciencia* podemos, pues, estar en profundo silencio aunque pensemos, hablemos o hagamos cualquier otra actividad. Este será el objetivo de nuestro aprendizaje.

En este sentido, pronto constatarás la estrecha correlación que existe entre el cuerpo, la mente, los sentimientos o las emociones y ese *trasfondo* de que hablaba. Por eso, aunque existe siempre, dicho *trasfondo* se hace más consciente cuanto más armónica sea la relación entre el cuerpo, el pensamiento y las emociones, es decir, lo que llamaríamos nuestro *ser individual*. Y al mismo tiempo, esta armonía dependerá también de las relaciones de nuestro ser individual con el exterior, como el trabajo, las relaciones humanas, las actividades en general, la información, etc.

Y a la inversa, cuanto más despertemos el *trasfondo*, más armonía iremos provocando en todos los otros niveles de la existencia.

De ahí que todos los maestros espirituales den, de una manera u otra, un doble consejo: dedicar tiempo a la meditación o el silencio interior y mantener despierta la atención en todas las actividades de la jornada a fin de que, presente a presente, vayamos armonizando cada vez más la vida corporal con la mental, la emocional y la espiritual. Y al mismo tiempo, vayamos armonizándonos cada vez más con el mundo que nos rodea.

Esta será, quizás, la primera dificultad con que nos toparemos en el camino que deseamos emprender y que suele citarse en los comienzos: la *falta de tiempo*. Ciertamente, quien más quien menos, todos estamos bastante atareados, pero también es cierto que, en gran parte, vivimos el ritmo de vida que hemos escogido. Sin embargo, si vemos la necesidad de ello, descubriremos maravillados cómo vamos encontrando momentos, quizás al principio no demasiado largos, para dedicarnos a la exploración interior. Con el tiempo, constatamos que esos ratos lo último que son es tiempo perdido, porque dan una determinada calidad de conciencia a todo lo que hacemos, de tal manera que vivimos mucho menos estresados y con la intensa sensación de armonía que hemos mencionado.

En lo que concierne al tiempo que dedicamos a meditar, es muy relativo: si no has meditado antes, vale más empezar por sesiones no demasiado largas, como de 15 minutos, para que no te resulte muy pesado o aburrido en los inicios, y abandones la práctica. Poco a poco, constatarás que te sientes bien alargando las sesiones a 40 minutos o a una hora. Aun siendo flexibles en este punto (como en todos, por otra parte), vale la pena tener en cuenta que muchas veces meditar resulta árido y hasta aburrido, pero que a menudo es entonces cuando estamos realmente yendo más allá de nuestro pequeño yo y sus deseos, para ir abriéndonos a un Yo que nos trasciende y expande. Por eso creo que es beneficiosa la práctica de asignarse un tiempo determinado para meditar y, en principio, respetarlo, tanto si estamos muy atentos y concentrados como si nos sentimos más bien distraídos o incómodos.

Lo ideal sería dedicar a la meditación más de un rato al día, por ejemplo, por la mañana y al atardecer. Eso ayuda mucho a crear cierto estado «meditativo» o de despertar de conciencia que se va volviendo más y más permanente a lo largo de nuestra jornada, con sus actividades varias.

Si me preguntas qué tiempos del día son los más adecuados para la meditación (suponiendo que tengas la posibilidad de elegirlos), parece que hay un común acuerdo en señalar el alba y el atardecer como los más recomendables, probablemente porque es cuando las energías del día y la noche están más equilibradas y facilitan mejor la quietud de la mente y el bienestar del cuerpo.

Respecto a la *actitud* con que hemos de enfrentarnos a los tiempos de meditación, creo importante que sea muy libre de expectativas, es decir, que no vayamos a vivir nada ya predeterminado de antemano, porque el presente siempre es inédito; ni que queramos repetir «experiencias» pasadas, vividas en otros momentos de meditación, sino que vayamos realmente a «perder el tiempo», a «no hacer nada»: actitud que no nos resulta fácil por lo acostumbrados que estamos a buscar *utilidad* a todo lo que hacemos. Hemos de ir a la meditación con la actitud de quien va a hacer lo más *inútil* –al menos en apariencia– de su vida. Precisamente porque meditar no consiste en *hacer* nada, sino simplemente en *ser*.

Es también bastante comprensible que un cuerpo que está digiriendo una comida copiosa no pueda tener la claridad mental de otro que come con mayor frugalidad. De ahí que también se recomiende meditar con el estómago vacío o casi vacío, para facilitar una atención despierta. Y más en general, en lo que concierne a la dieta, se recomienda comer alimentos que no creen pesadez o «intoxiquen» el estado general del cuerpo, sino que más bien sean saludables y energéticos.

Otra cuestión que suele abordarse cuando se empieza a meditar es la de la *postura corporal:* ¿se ha de meditar sentado en el suelo sobre un cojín, o en una silla, o tumbado, etc.?

Una vez más –como en todo lo dicho con anterioridad–, la respuesta correcta sería que da igual, porque la meditación es un estado de conciencia que no puede depender directamente de eso, aunque la experiencia enseña que mientras no hayamos llegado a vivir en ese estado de una manera constante y plena, y querramos dedicarle ratos a hacerlo más consciente, la posición que ayuda más es con la *espalda recta* –que no quiere decir *rígida*–, en una actitud a la vez *activa* y *relajada*. Si te es posible mantenerte así, sentado y con las piernas cruzadas, como hacen con facilidad los orientales, mejor que mejor. Pero antes de forzar dolorosamente las rodillas y estar durante la meditación más pendiente de las incomodidades del cuerpo que del silencio interior, es preferible que adoptes la postura que te resulte más cómoda, sea cual sea, para poder pasar un rato sin tener que moverte ni sufrir. Siempre que, como te decía, mantengas la columna vertebral recta. De entrada, te desaconsejaría la posición horizontal, es decir, acostado, porque constatarás que no resulta difícil dormirse. Aunque personas que han adquirido un grado de conciencia espiritual notable pueden utilizar también esta posición para abandonarse al silencio consciente.

Quizás te preguntarás si hemos de meditar con los ojos cerrados o abiertos. Mientras ciertas tradiciones recomiendan mantener los ojos entornados, mirando un punto fijo a aproximadamente un metro de distancia, otras lo dejan más a la elección de cada uno, siempre y cuando la atención tenga algún punto de referencia en que poder fijarse y evitemos al máximo el vagabundeo de la mente o de los sentidos. Ese punto de referencia puede ser la misma respiración, alguna imagen interior o algún mantra –palabra o frase– que repetimos interiormente, como más adelante veremos.

Así como es aconsejable conseguir establecer un hábito en lo que concierne al tiempo dedicado a meditar, y hacerlo a diario a las mismas horas, creo también útil elegir *lugares* especiales donde meditar habitualmente. Tengo amigos que en todos los lugares donde han vivido han dedicado una habitación para la meditación, a pesar de que hubieran podido utilizar ese espacio perfectamente para otras cosas. Puesto que no todo el mundo tiene esa posibilidad a su alcance, creo que como mínimo es bueno disponer de algún rincón de la casa donde meditar, que sea como nuestro pequeño *santuario* particular, que poco a poco se va cargando de una *atmósfera* especial que nos ayuda a despertar la atención interior.

2

Primeros pasos: conciencia del cuerpo

En el proceso de volvernos hacia el interior, a partir de una atención demasiado abocada al exterior y a menudo excesivamente dividida y dispersa, el primer paso consiste en tomar conciencia del propio cuerpo.

Siéntate de forma adecuada, con la espalda recta, en actitud a la vez alerta y relajada, con el cuello distendido aguantando la cabeza recta, con la barbilla un poco replegada. Las manos sobre las piernas; si pusieras una sobre la otra, los maestros zen recomiendan colocar la izquierda sobre la derecha con los pulgares apenas rozándose. Si las pusieras separadas, juntar los dedos índice y pulgar de cada mano parece que ayuda, como en el caso anterior, a cerrar circuitos de energía y facilita la concentración.

Haz de tres a cinco respiraciones profundas y completas (o más, si sientes la necesidad): inspira hondo y suelta el aire relajadamente en una espiración mucho más larga que la inspiración. Cada vez que expulsas el aire, sientes como si con él salieran también las tensiones que has acumulado y aflojas más y más el cuerpo, poniendo especial atención en la cara y toda la cabeza. Si la cabeza está distendida, observarás que el flujo mental se ralentiza y la concentración se vuelve más fácil.

Recupera ya el ritmo normal de la respiración y obsérvala por unos momentos, mientras continúas aflojando todo el cuerpo durante las espiraciones.

Empieza ahora a fijar la atención en repasar el cuerpo deteniéndote en cada parte e intentando *sentirla* y no solo *pensarla* o *visualizarla*. Constatarás que algunas partes del cuerpo te resultan más fáciles de sentir que otras. No importa: con el tiempo, la conciencia de las sensaciones corporales se va afinando y resulta más fácil y espontánea.

Lleva, pues, la atención a la cara, llena de pequeños músculos, que irás aflojando si los descubres tensos: boca, maxilar inferior, lengua, orejas, sienes, frente (con atención especial al entrecejo), párpados, ojos, mejillas y nariz...

Toma ahora conciencia del resto de la cabeza: cuero cabelludo, empezando en la frente y recorriéndolo hasta la nuca... Y a continuación, centra la atención en el interior de la cabeza, en la masa encefálica, sintiendo como si la aflojases...

Estos primeros pasos son importantes: una cabeza relajada facilita la distensión y la conciencia serena del resto del cuerpo, según el proceso que sigue:

Toma ahora conciencia del cuello, por detrás y por delante, aflojando la parte cervical y la garganta...

Hombro derecho, brazo derecho (del hombro al codo, codo derecho, del codo derecho a la mano derecha), mano derecha...

Hombro izquierdo, brazo izquierdo, mano izquierda...

Tronco por delante: zona clavicular, pecho, costillas, pulmones, corazón, diafragma, estómago, intestinos, genitales...

Tronco por detrás: la parte alta de la espalda, los omóplatos y toda la zona dorsal y lumbar, los riñones, las nalgas y la zona coxígea...

Pierna derecha: muslo derecho, rodilla, pierna hasta el pie, pie derecho...

Pierna izquierda: muslo izquierdo, rodilla, pierna hasta el pie, pie izquierdo...

Una vez has tomado conciencia del cuerpo, parte por parte, obsérvalo ahora como una totalidad y quédate así... tranquilamente... respirando con suavidad... simplemente eso...

Muy probablemente descubrirás sensaciones de las cuales no eras consciente hasta ahora: quizás algunas dolorosas o molestas, quizás otras agradables. Limítate a observarlas sin luchar contra ellas, como si fueras espectador de ti mismo. Esto es fundamental en el necesario proceso de *desidentificación* del cuerpo que nos conduce hacia niveles más profundos de nosotros mismos. Si sientes dolor en alguna parte del cuerpo y necesitas moverla, no lo hagas de golpe, sino que primero observa las sensaciones corporales con el máximo de detalle que te sea posible, y a continuación muévete poco a poco tomando conciencia de cada parte del cuerpo que se mueve.

Si te gusta esta práctica y quieres profundizar en ella después de un tiempo de practicarla, puedes asistir a un retiro de meditación *vipásana,* que recoge la sabiduría de la tradición meditativa budista más antigua y que cada vez es más accesible en nuestros países occidentales.

Este será tu primer ejercicio en tu camino hacia el Silencio. Puedes seguirlo tal cual durante unos cuantos días antes de pasar al siguiente. De hecho, insistiría en que lo hicieses siempre, aunque sea únicamente algunos minutos, cada vez que quieras llegar al silencio, aunque estés ya mucho más introducido en el proceso meditativo.

3

Respirando

Cuando el proceso de concienciar las sensaciones de todo el cuerpo te resulte familiar, puedes ir ya un paso más lejos: centrarte especialmente en la respiración.

La práctica sería así:

Empieza con las respiraciones profundas y la toma de conciencia de todo el cuerpo, tal como he indicado en el capítulo anterior.

Acabado este proceso, ve llevando la atención a la respiración, suave y tranquila, y simplemente obsérvala, tomando conciencia del aire que entra y sale por los conductos nasales.

Durante unos días, puedes fijar la atención básicamente en la entrada de las fosas nasales y, cuando ya te resulte fácil, podrías ir bajando hacia la zona de los pulmones.

Mientras te encuentras en este proceso de conciencia atenta, lo más probable es que aparezcan pensamientos, imágenes o sensaciones de todo tipo que te distraigan y que quizás te pongan un poco nervioso al principio, porque los vivirás como incómodos obstáculos o interferencias en tu proceso meditativo. La clave de la cuestión es que tomes conciencia de ellos sin resistirte, dejándolo pasar todo, a la manera de nubes que atraviesan el cielo azul y que permites que pasen sin darles importancia cuando las contemplas.

Si simplemente lo observamos todo sin ponernos tensos, a manera de espectadores, lo que surge es una magnífica fuente de información de lo que hay en nuestro mundo físico o psíquico, que puede servirnos de base para posteriores trabajos con nuestra salud corporal o psicológica, al margen de la meditación misma, en caso de necesitarlo.

Al cabo de un tiempo de practicar este ejercicio, constatarás que tu *sabiduría interior* se va como «afinando» y te resultará más fácil tener acceso a ella y usarla en muchas situaciones de tu vida o de la de los demás.

Una manera de ayudarnos frente a las distracciones, si nos damos cuenta de que la mente está demasiado agitada, es contar las respiraciones del 1 al 10, para volver a empezar en 1, 2, 3...

Si el método te gusta, puedes comenzar contando tanto en la inspiración como en la espiración, para pasar luego a hacerlo solo en la inspiración y más tarde en la espiración.

Si notas que este proceso te lleva a estar más silencioso, deja de contar y observa simplemente la respiración, en silencio.

Y tal como te decía en el capítulo anterior respecto a la meditación *vipásana,* si quieres profundizar en este tipo de meditación, puedes dejarte dirigir por algún maestro competente de zen, que te ayudará a profundizar en esta técnica de meditación *no objetiva,* es decir, en que no existe un *sujeto* que medite en ningún *objeto* –algo diferente de él–, sino que la meditación se centra en profundizar en la *conciencia de sí mismo,* hasta descubrir que ese *sí mismo* no es diferente del resto de los seres, sino que solo existe un único *Sí Mismo.*

4

Descubriendo el Yo

Te propongo ahora un paso más en el proceso meditativo, asumiendo que has hecho ya cierto camino en los dos ejercicios anteriores:

Comienza la meditación con las respiraciones profundas...

Toma ahora conciencia del cuerpo, repasándolo parte por parte...

Toma conciencia global del cuerpo, como un todo...

Observa la respiración, tranquila y suave, durante un rato...

Y observando la respiración, como estás haciendo, en la zona del pecho, te propongo que dirijas la atención un poco hacia la derecha: entre el esternón y el pecho derecho, donde señalarías para decir «yo».

Durante unos cuantos días, te sugiero que permanezcas tranquilamente con la atención puesta en ese punto de tu cuerpo. Si quieres, porque sientes que te ayuda, puedes repetir, al ritmo de la respiración, como si lo pronunciases desde ese mismo punto de tu cuerpo: «Yo... Yo... Yo...».

No se trata, claro está, de pensar *cómo* soy o *qué* hago en mi vida habitualmente, ni siquiera, poniéndome más trascendente, en el sentido de mi vida, sino simplemente en ser consciente de que *aquí* y *ahora, yo soy.*

Una vez más aparecerán pensamientos, imágenes, sentimientos, que tenderán a distraer tu atención. Y una y otra vez, tranquilamente, vuelves a conectarla con este punto –el «lugar del yo»–, que es como la sede de nuestro *centro,* lo que está en la base de nuestras decisiones, nuestros pensamientos, sentimientos, fantasías, etc.

Expresado de otra manera, es como si, cuando te descubrieras pensando o sintiendo o deseando, te dijeses:

«Yo *tengo* pensamientos, pero no *soy* los pensamientos. *¿Quién soy yo?*

»Yo *tengo* sentimientos, pero no *soy* los sentimientos. *¿Quién soy yo?*

»Yo *tengo* deseos, pero no *soy* los deseos. *¿Quién soy yo?*

»Yo *tengo* también un determinado *personaje* a través del cual me manifiesto al mundo exterior, pero no *soy* ese personaje. *¿Quién soy yo?»*

Y como si la pregunta *«¿Quién soy yo?»* te remitiese constantemente a un *testigo* o *trasfondo* que está *detrás* de ese *personaje* y de esos pensamientos, sentimientos, deseos, etc., y que no es algo que podamos sentir u *objetivar*, sino la simple conciencia de *ser*, libre y sin límites.

Si has practicado los ejercicios previos, probablemente no necesites las aclaraciones siguientes, porque lo habrás ya notado en ti mismo:

Hasta ahora nuestro trabajo ha sido el de *control de la atención,* que tiende a estar demasiado dispersa, y el de aprender a *focalizarla* en el centro de nuestro ser. Es un trabajo de *integración* y *centramiento*.

Continuaremos aún en esta línea durante un tiempo. Más adelante trabajaremos la *expansión interior* y la *conexión* o *comunión* interior con todos los seres.

Sin embargo, pronto te darás cuenta de que querer centrarse en el «yo» es una tarea bastante estéril si lo que esperamos es que ese «yo» se nos muestre como algo que podemos concretar o limitar. Antes bien, cuando lo buscamos, se nos escurre y nos invita, imparable, a adentrarnos más y más en nuestro interior y a expandir cada vez más los límites que ponemos a ese «yo». Si así se da ya en tu práctica actual, no ofrezcas resistencia y abandónate a la tendencia espontánea de la conciencia a expandirse, porque esta es la dirección en que va toda nuestra práctica meditativa.

Quizás ya hayas oído hablar de Ramana Maharshi, uno de los más grandes santos hindúes de nuestro tiempo (1879-1950). La descripción que él hizo de su «despertar» espiritual, ocurrido a los 17 años, es de gran belleza y puede ilustrarnos mucho para entender el sentido de nuestra práctica:

> El gran cambio de mi vida sucedió unas seis semanas antes de que dejase Madurai para siempre. Fue algo repentino. Me hallaba solo, sentado, en una habitación del primer piso de casa de mi tío. Raramente caía enfermo, y aquel día me sentía en perfecta salud, pero aun así experimenté de repente un miedo violento a la muerte. Nada en mi estado de salud podía justificar aquello, ni tampoco intenté buscar ninguna razón o causa de aquel miedo. Solo sentí: «Voy a morir», y pensé qué podía hacer en aquella situación. No se me ocurrió consultar a ningún médico o a mis parientes o amigos; sentía que debía resolver el problema yo solo, allí mismo.
>
> El miedo a la muerte hizo que me dirigiese hacia el interior y que me dijese mentalmente, aunque sin palabras: «La muerte ha llegado. ¿Qué significa esto? ¿Qué es lo que muere? Lo que muere es este cuerpo». Y a continuación escenifiqué el hecho de la muerte: me tumbé en el suelo con las extremidades extendidas como si ya tuviera el *rigor mortis,* e imité a un cadáver para hacer más real mi indagación. Retuve el aliento y apreté los labios para que no saliese sonido alguno, de tal manera que no pudiese pronunciar ni la palabra «yo» ni ninguna otra.

Pues bien —me dije—, este cuerpo está muerto. Será portado al campo de cremación donde lo incinerarán y lo reducirán a cenizas. Pero una vez muerto ya el cuerpo, ¿estoy yo muerto? ¿Es que soy el cuerpo? Él se encuentra silencioso e inerte, pero siento la plena fuerza de mi personalidad e incluso la voz del «yo» en mi interior, como separada de mí. Así pues, soy Espíritu que trasciende el cuerpo. El cuerpo muere, pero el Espíritu que lo trasciende no puede ser tocado por la muerte. Eso significa que soy un Espíritu inmortal.

Todo esto no era un pensamiento superficial: me atravesó tan resplandeciente como una verdad viviente que es percibida directamente, casi sin proceso de pensamiento. «Yo» era algo muy real, la única cosa real en mi estado actual, y toda la actividad consciente que afectaba a mi cuerpo estaba concentrada en ese «Yo».

Desde entonces, el «Yo» o *Atma* centraba la atención sobre sí mismo mediante una fascinación poderosa. El miedo a la muerte había desaparecido para siempre. La absorción en el *Atma* continuó sin interrupción desde aquel momento. Otros pensamientos podían aparecer y marcharse como las diferentes notas de una música, pero el «Yo» continuaba como nota fundamental —*sruti*— subyacente a todas las otras y mezclándose con ellas.

Tanto si el cuerpo estaba ocupado en hablar, leer o en cualquier otra cosa, siempre continuaba centrado en el «Yo». Antes de este hecho no tenía una clara percepción de mi *Atma* y no me sentía conscientemente atraído por él. No sentía un interés perceptible o directo hacia él, ni mucho menos la inclinación a permanecer constantemente en él.[3]

Cuando, tras bastantes años de estricta soledad y silencio en la falda de Arunachala, la montaña sagrada del sur de la India, se le aproximaban multitud de discípulos para beneficiarse de su intensa irradiación espiritual y pedirle consejo y ayuda, siempre –de una forma u otra– los conducía al mismo punto: «*¿Quién* es el que pregunta eso? *¿Quién* es el que vive eso? Toma conciencia de tu "Yo" real y habrás encontrado respuesta a todos tus interrogantes».

Antes de acabar este capítulo, quisiera dedicar todavía unas palabras al punto físico de concentración, a la derecha del centro del pecho.

En realidad, según los entendidos, en la zona del pecho se hallan tres «modalidades» de *corazón*: el *corazón físico,* situado más bien a la izquierda; el *corazón psíquico,* conectado con la afectividad, situado en el centro; y el *corazón espiritual,* situado más bien a la derecha. Como en realidad el Yo profundo está más allá de cualquier punto físico, las diferentes tradicio-

---

[3] Cf. Arthur Osborne, *Ramana Maharshi. El sendero del autoconocimiento,* Buenos Aires, Kier, 1995, pp. 19-20.

nes espirituales han recomendado la concentración en un lugar o en otro: así pues, la tradición cristiana del *hesicasmo,* que recomienda la repetición continua del nombre de «Jesús», lo hace centrándose en la izquierda, coincidiendo con el corazón físico. Aurobindo, el conocido místico y filósofo hindú, recomendaba el centro del pecho. En cambio, Ramana Maharshi era partidario de concentrarse en la derecha, y lo mismo me recomendaba el ermitaño montserratino, argumentando que concentrándose en la derecha no se corre el riesgo de dañar el corazón físico, en el caso de que una concentración prolongada pudiese liberar cierta energía, calor o presión, sensaciones que resultan familiares con la práctica y a las que no hace falta prestar demasiada atención, para no distraernos. Concentrarnos en el centro del pecho puede despertar energía puramente afectiva y llevarnos a confusión, al creer que significa que estamos abriéndonos al Yo profundo. En cambio, el *«corazón de la derecha»* solo se despierta cuando la indagación hacia el Yo profundo es auténtica y, por tanto, ni puede dañar el corazón físico ni inducir a confusión.

Para muchas personas, esta forma de meditación es un camino relativamente fácil y directo al Silencio. En cambio, he conocido a otras para quienes resulta excesivamente abstracta y difícil de practicar. Si, después de haberla puesto en práctica unos cuantos días, crees pertenecer a estos últimos, probablemente te hallarás más cómodo practicando los ejercicios que siguen, sobre todo aquellos en que empezamos focalizando la atención en algo más concreto que el «yo». Con todo, te recomendaría que más adelante volvieses a probarlo, porque esta práctica es muy directa y «efectiva» (si se puede hablar en estos términos).

5

En el presente

Este ejercicio viene incluido en todo cuanto se ha dicho hasta ahora, pero creo que vale la pena que le dediquemos una atención explícita.

Recuerdo que desde el primer día que visité al ermitaño montserratino, él hizo especial hincapié en el hecho de mantenerse en la *conciencia del presente*. Decía: «La realidad es puro presente. La mente tiende a proyectarse en el pasado y en el futuro, y así nos escapamos de la Realidad. Vivir plenamente es vivir en el presente ahora, simplemente... del todo...».

Es cierto que en el proceso de desarrollo de nuestro yo individual en el mundo, la proyección temporal es un mecanismo útil que nos permite guardar los aprendizajes y las vivencias pasadas como fuente de experiencia y sabiduría para el presente y el futuro. Por no hablar de las experiencias pasadas dolorosas que, además de aprendizajes, quizás nos hayan dejado también heridas emocionales que tendremos que sanar para evitar que condicionen nuestra vivencia del presente a raíz de determinadas creencias limitadoras sobre la vida, los demás o nosotros mismos. Y, en el mismo sentido, tener un proyecto flexible de futuro da dirección y motivación a nuestra actividad y a nuestras decisiones presentes. Pero esto forma parte de la dinámica de los procesos psicológicos del yo individual con los que tendemos a identificarnos en exclusiva.

Si queremos, pues, despertar a aquella realidad nuestra que trasciende la conciencia del «pequeño yo», solo el presente es la clave de acceso. Por eso te propongo hoy la siguiente meditación:

Sentado cómodamente, haz algunas respiraciones profundas, aflojando tensiones cada vez que espires...

Toma conciencia de cada parte del cuerpo...

Toma conciencia del cuerpo como un todo...

Continua respirando con tranquilidad, consciente de la respiración...

A partir de ahora, pon tu atención simplemente en mantenerte en la *conciencia del presente,* y cada vez que te descubras yéndote con el pensamiento hacia el pasado o el futuro, vuelve muy tranquilo a la conciencia corporal, que te conecta con el puro presente.

Si la mente se distrae demasiado y quieres alimentarla con algún pensamiento que te ayude a «reenfocarla» o serenarla, puedes repetirte para ti mismo:

«Ahora... ahora... simplemente ahora... Yo soy... Yo soy... ahora...». Todo ello sin dejar de ser consciente, no obstante, de que eso también son pensamientos, destinados a desembocar o perderse suavemente en el Silencio, el Presente pleno que los trasciende.

Sería conveniente que, de cuando en cuando, a lo largo del día hicieses un pequeño esfuerzo de atención, simplemente de centrarte en el presente, tanto si estás solo como acompañado, en reposo o en actividad: vivir lo que estás haciendo, en el presente, tan consciente y plenamente como puedas.

Los cambios en la calidad de vida que este sencillo (?) ejercicio proporciona son espectaculares. Espero que los constates pronto.[4]

---

[4] Te recomiendo un libro que me ha parecido especialmente bueno sobre esta cuestión y que ya es un clásico: Eckhart Tolle, *El poder del ahora*, Madrid, Gaia, 2012.

6

Jugando con la energía

Este ejercicio facilita la concentración porque armoniza la energía corporal y psíquica, y ayuda a que nos sintamos integrados y conectados con todo lo que nos rodea.

Es muy sencillo:
Busca la postura corporal adecuada y haz algunas respiraciones profundas, aflojando tensiones y centrándote en el presente.
Toma conciencia de cada parte del cuerpo...
Toma conciencia del cuerpo como un todo...
Centra ahora la atención en la respiración observando el ritmo respiratorio, suave y tranquilo: inspiración... espiración... inspiración... espiración...
Toma conciencia ahora de toda la parte posterior del cuerpo, desde la base del tronco hasta el punto más elevado de la cabeza.

Puedes imaginar, si quieres, que la columna vertebral es como un eje o un canal por el que circula la luz o la energía.

Imagina ahora que ese eje es mucho más largo que tu propio cuerpo: como si, procedente del cielo, entrara por la cabeza y saliera por la parte inferior del tronco, adentrándose en la tierra tan profundamente como quieras. Es como si conectases el Cielo y la Tierra[5] a través de ti.

Imagina entonces que entre el Cielo y la Tierra circula luz o energía (lo que te resulte más fácil) pasando a través de ti:

Cuando inspiras, atraes la energía del Cielo hacia la Tierra, pasando por la parte posterior de tu cuerpo; y cuando espiras, la haces subir de abajo arriba, pasando por la parte anterior del cuerpo, creando un circuito: inspiras bajando por detrás... espiras subiendo por delante... inspiras bajando por detrás... espiras subiendo por delante... Siempre yendo desde más lejos de la cabeza hasta más abajo del cuerpo.

Si te ayuda, puedes imaginar que cuando sale la energía o la luz por encima de tu cabeza, en la espiración, se extiende desde arriba en todas direcciones llegando a cuanto te rodea y uniéndote a todo ello en perfecta armonía y comunión, como si formases

---

[5] Escribimos «Cielo» y «Tierra» con mayúsculas para no restringir los conceptos a su realidad física, sino darles cierto sentido simbólico y trascendente.

parte de un Todo único, quieto y dinámico al mismo tiempo.

En todo caso, el objetivo último de este ejercicio es vivir el Cielo, la Tierra y Sí mismo como una sola Realidad, y permanecer silencioso en esta conciencia.

Hay maestros que recomiendan únicamente tomar conciencia de que la energía sube de abajo hacia arriba cuando inspiramos, por la columna vertebral. Si ya lo hacías así hasta ahora y lo prefieres, puedes continuar de este modo. Personalmente, me inclino más por el método expuesto antes. Además, nos facilitará el ejercicio de apertura de los diferentes *chacras* o centros de energía a lo largo del cuerpo, que te propondré más adelante.

7

Jugando con la luz

Los maestros espirituales, conscientes de la dificultad de hablar de la vivencia del Absoluto, que escapa a toda descripción verbal, utilizan a menudo los términos que hacen referencia a los diferentes sentidos. Así hablan, por ejemplo, de *iluminación,* o de *ver* la luz, o de *escuchar* la Palabra, o de *sentir* el Amor, o de *gustar* o *notar el perfume* de la Presencia, etc. Como si cada uno de los sentidos físicos tuviese un correspondiente espiritual.

Lo que todos constatan, pues, es que no podemos menospreciar los medios habituales de percepción en cuanto ayudas para nuestro *viaje interior,* porque si pretendemos trascenderlos ya de entrada con el argumento –válido, por otra parte– de que es preciso *desidentificarse* de los sentidos para *realizar* el Absoluto, corremos el riesgo de que los sentidos nos atrapen y distraigan en su actividad espontánea y poco dirigida, y que acabemos cansándonos de tanta dispersión y distracción, abandonando así nuestra práctica.

De ahí que nos parezca sabio utilizar nuestras facultades sensoriales y psicológicas para ayudarnos en el camino interior. El proceso consistiría en empezar por el nivel psicológico –fantasía o imaginación– para activar los planos sutiles del mismo psiquismo y, a través de ellos, trascendernos y entrar en lo que algunos llaman el «nivel causal» y que nosotros llamamos también «el Trasfondo» o «el Yo profundo», aquel Silencio que nos permite vivirlo todo desde la Unidad, o mejor, desde la *No-Dualidad*.

Empezaremos, pues, jugando con la imagen de la luz:

Como ya nos resulta habitual, nos sentamos en posición vertical y relajada...
Hacemos algunas respiraciones profundas, aflojando tensiones, al espirar...
Tomamos conciencia de cada parte del cuerpo...
Tomamos conciencia del cuerpo como un todo...
Llevamos ahora la atención al centro del pecho, que sube y baja al ritmo de la respiración...
Imaginamos que en este lugar del pecho se encuentra un pequeño globo o foco de luz muy brillante... (Quizás te costará un poco visualizarlo. Pero si tuvieses dificultad, haz *como si* lo pudieses percibir de alguna manera, *como si* estuviera realmente.) Dedica

unos minutos a reforzar esta sugestión, imaginando la luz de tu pequeño globo más y más brillante, en el centro del pecho. (Si, a partir de la práctica de los ejercicios anteriores, estás acostumbrado a concentrarte un poco en la parte derecha del pecho, puedes continuar haciéndolo siempre que nos refiramos al «centro del pecho», en este ejercicio o en los siguientes.)

Ahora, con cada nueva inspiración, puedes imaginar que el globo de luz se hace un poco más grande, de tal manera que va invadiendo con su halo brillante todas las partes de tu cuerpo. Puedes imaginar que esa luz blanca es también sanadora y portadora de energía y vida, y que, por tanto, va vivificando y llenando de salud tu cuerpo entero... Y permaneces en esta conciencia unos cuantos minutos...

Y cuando lo desees, puedes continuar haciendo crecer el globo luminoso, ahora más allá de tu propio cuerpo, expandiéndose e impregnando con su claridad todo el recinto en que te encuentras...

(Si hay otras personas meditando contigo, también a ellas las envuelve la claridad de tu luz, de tal manera que todos los globos luminosos se funden en uno único que baña toda la estancia...)

Y continúas ampliando tu globo de luz, iluminando tu pueblo o ciudad, tu país, y finalmente toda la tierra y el universo con tu luz sanadora... (No es preciso que concretes demasiado las imágenes para no distraerte con la imaginación. Basta con tener una percepción global del proceso.)

Para finalizar, y este es el paso más importante, permanece tranquilamente en esta conciencia, sin hacer nada... simplemente siendo la luz que, ilimitada, lo alcanza todo... lo ilumina todo... lo es todo...

Una vez más —y lo repetiremos de cuando en cuando—, si durante este proceso te descubres distraído y atrapado por cualquier tipo de pensamiento, imagen, sensación, sentimiento, etc., escapándote del presente y yendo hacia el pasado o el futuro, cuanto con más relajación te lo tomes, mejor: te haces consciente de ello y, sin darle importancia, vuelves al presente, a tu meditación de la luz.

8

Luz que procede de lo alto

Este ejercicio es similar a los dos anteriores, porque utiliza de nuevo la imagen de la luz, pero ahora proviniendo de lo alto. Sería así:

(A partir de ahora, los primeros pasos –respiraciones iniciales, conciencia del cuerpo por partes y como un todo– los obviaremos o simplemente los insinuaremos de pasada, dando por sentado que forman ya parte de la práctica habitual y que se producen siempre al inicio de cualquier ejercicio).

Tomas conciencia de la respiración, del aire que entra y sale por tus pulmones, y permaneces unos minutos atento a eso, simplemente...

Ahora, cuando inspiras, imaginas que el cielo está lleno de luz y que te abres a recibir esa luz, que desciende entrando por tu cabeza y bajando hasta la altura del pecho, por donde sale cuando espiras, expandiéndose en todas direcciones.

Permaneces haciendo este circuito, poniendo simplemente de tu parte la atención y la apertura, permitiendo que la luz sea del todo autónoma. Como si tú lo único que hicieras fuera atraerla desde arriba, gracias a tu apertura, y dejándola pasar a través de ti, la canalizases hacia el mundo que te rodea y a todo el mundo en general.

Finalmente, ve identificándote cada vez más con la luz, de manera que tu cuerpo sea solo un canal de ella, y quédate en esta conciencia: siendo la Luz Ilimitada, simplemente... mientras el cuerpo respira... con suavidad...

9

Llama de fuego

Este ejercicio está muy próximo a los dos anteriores y resulta fácil y agradable si tienes una vela pequeña encendida o algún fuego ante ti.

Siempre me recuerda a un buen amigo que, en sus años jóvenes de *boy-scout*, descubrió una cueva muy adecuada para retirarse a buscar el silencio. Con algunos compañeros la limpió y volvió habitable, y a menudo iba allí, solo, a pasar algunos días. Yo tenía entonces 20 años cuando una vez, durante una de mis incursiones en busca de soledad y silencio, me acompañó a la cueva, para acto seguido dejarme allí, me dijo mientras me mostraba el rústico hogar de fuego habilitado para calentar un poco el frío lugar: «A menudo, cuando enciendo fuego, me quedo contemplándolo en silencio horas y horas. Simplemente eso». Y me lo dijo con una mirada que irradiaba luz y profundidad y que me pareció una intensa invitación a descubrir, también yo, aquel «misterio del fuego» que había proporcionado a mi amigo aquella paz que yo admiraba.

El ejercicio sería como sigue:

Consciente de tu cuerpo y tu respiración, contempla durante unos minutos la llama que tienes ante ti (si no la tienes físicamente, la imaginas). Deposita tranquilamente la mirada en ella... en silencio... sin realizar ningún tipo de consideración mental...

Contémplala de tal manera que te vaya resultando familiar, próxima, hasta que te resulte fácil imaginar que te fundes con la llama, que tú eres la llama...

La llama es inconsistente, volátil, luminosa...

Tu cuerpo, ahora transformado en llama, es también sutil, volátil, luminoso...

Tu mente, tu mundo emocional y afectivo, todo se vuelve silencioso y sutil como la llama...

Simplemente luz...

Y si quieres aún ir más lejos en la meditación, cierra los ojos (si todavía los tenías abiertos) y haz como si todo tu yo individual –cuerpo y psiquismo– acabasen de consumirse en tu llama hasta que no quede nada: Silencio... en el Todo, lo eres Todo...

Si recuerdas la introducción, te decía que practicases como mínimo cada ejercicio una semana antes de pasar al siguiente –y si te detenías en uno más tiempo, aún mejor–. Respecto a este ejercicio y a los que te propondré a continuación, no te insistiré tanto en la repetición como en que simplemente los hagas alguna vez, y si te gustan, los repitas a discreción.

10

Identificándonos con la Creación

Todas las tradiciones religiosas han utilizado elementos de la creación como símbolos que les han inspirado y han conducido a la Trascendencia. Así, la luz, el fuego, el agua, la tierra, el aire, el sol, el árbol, la montaña, la flor, el río, el mar, etc. son símbolos religiosos universales. Vale la pena que en nuestro camino de despertar interior los tengamos bien en cuenta y los aprovechemos, como hicieron nuestros maestros.

El esquema básico de trabajo sería:

Como siempre, empezamos relajándonos y centrándonos en el presente a través de la conciencia corporal y la respiración.

A continuación, contemplamos físicamente el objeto simbólico escogido. Y si este no está físicamente presente, lo hacemos con la imaginación.

Nos abrimos al máximo para percibir sus características. No se trata tanto de *pensarlas,* como de *sentirlas.*

Hacemos como si avanzásemos hacia el objeto escogido (o si nos resulta más fácil, nos lo acercamos) hasta identificarnos con él: *volvernos él.* Hasta vivir y percibir en nosotros sus características.

A partir de aquí, constataremos que cada objeto escogido con el que nos identificamos nos remite, a su manera específica, hacia el Transfondo de todo, hacia el Único, hacia el Ser, el Absoluto, el Yo profundo de todo... llámalo como quieras, porque no es fácil darle un nombre adecuado, aunque nos resulte más fácil vivirlo o *serlo.*

Así pues, no nos quedamos atrapados por la vivencia del objeto escogido, por rica y agradable que sea, sino que a través de ella iremos más allá y lo trascenderemos todo para entrar en el Silencio y la Totalidad.

Y ya sí: cuando volvamos a abrir los ojos, seremos de nuevo nosotros, el sol será el sol, el fuego será el fuego, el río será el río, etc. Pero ahora vividos desde una nueva percepción: ya no nos sentimos separados de ellos. Es lo que los maestros llaman la conciencia de *no-dualidad,* que no solo hace referencia a los objetos de la creación, sino también y sobre todo a lo que nos crea a menudo más conflicto y dificultad: las personas –las próximas y las lejanas– que constituyen nuestro mundo.

La armonía y la belleza de los objetos de la creación nos ayudan a reencontrar nuestra propia armonía y belleza, y no solo la nuestra, sino la de los que nos rodean, cosa que no siempre nos resulta fácil.

11

Fantasía del árbol

Este ejercicio lo aprendí a los 19 años de Lanza del Vasto, un conocido discípulo de Gandhi que fundó una comunidad al sur de Francia, El Arca, según los principios gandhianos. El ejercicio me gustó y siempre que lo he propuesto a grupos ha tenido muy buena acogida.

Sería así:

Sentado, con la espalda erguida y relajada a la vez, toma conciencia del cuerpo, parte por parte, y después como un todo...

Continúa respirando, tranquilo...

Toma conciencia de tu tronco y de la columna vertebral, como un eje vertical que te atraviesa de arriba abajo...

Ahora escoge, con tu imaginación, un tipo de árbol o un árbol concreto que te guste o te inspire especialmente...

Visualiza mentalmente tu árbol escogido con la riqueza de detalles que quieras: las raíces, el tronco, el ramaje, las hojas...

Ahora identifícate con tu árbol: como si entrases en él y te transformases en el árbol mismo...

Siente tus raíces adentrándose en la tierra, en todas direcciones, absorbiendo el alimento y la energía de la tierra y llevándolos hasta la base del tronco...

Recorre ahora mentalmente el interior del tronco que eres, percibiendo la savia llena de vida que te recorre, sintiendo la solidez, la firmeza, la fuerza del tronco que eres... Ve subiendo por el tronco, sintiéndolo así, hasta llegar a la base de las ramas...

Empieza ahora a recorrer las ramas que brotan del tronco en todas direcciones: las primeras más sólidas, de las que salen otras más delgadas y frágiles...

Y toma conciencia de las hojas que brotan de las ramas en todas direcciones: alegres, ágiles, expuestas a la luz del sol, a la lluvia, al aire...

Ve recorriendo, pues, la copa del árbol en todas direcciones, subiendo cada vez más, hasta llegar al punto más alto, donde te sugiero que te detengas cierto tiempo para abrirte al cielo que te cubre y a la luz del sol que te ilumina...

A continuación, ve haciendo el proceso inverso, muy lentamente:

Vas bajando por la copa del árbol, consciente de las hojas...

Y ahora por las ramas...

Y por el tronco, sintiéndolo sólido, firme...

hasta la base, de donde salen las raíces, en todas direcciones, adentrándose en la tierra... absorbiendo el alimento, la vida...

Y de nuevo, repite el proceso de subir y bajar por el árbol. Te recomendaría que lo hicieses como mínimo una vez más, para pasar a continuación a quedarte en la conciencia global de ser el árbol con el que te identificas, sintiéndote a la vez bien enraizado en la tierra, bien fuerte en tu tronco y bien abierto, aireado y receptivo en las ramas y hojas de tu copa.

Normalmente, esta meditación proporciona una agradable sensación de integración personal y armonía con cuanto nos rodea, que nos facilita el «perdernos» en el Silencio, en comunión con todo y con todos, como hemos ido aprendiendo en los ejercicios anteriores. Dediquemos, pues, cierto tiempo a permanecer en este Silencio...

Este ejercicio estaría, entonces, en la línea de lo que decíamos en el capítulo anterior. Permanecer en silencio, contemplando larga y tranquilamente algún objeto de la naturaleza, es una buena escuela de meditación, siempre que no nos lleve a *pensar* el objeto de nuestra contemplación, sino a *sentirlo* hasta el punto de vivirnos en él mismo, percibiendo su energía, su vida, su silencio... *como si no fuésemos dos.* Por ejemplo, contemplar una flor identificándote con ella e imaginar que te abres con todos tus pétalos para recibir la luz del sol, el aire, el rocío, etc. O sentir la vida, la energía y el silencio de un pajarillo posado en una rama o de un pez que nada plácidamente...

Por asociación –hablando del pez–, recuerdo un corto diálogo, un poco «zen», narrado también por Lanza del Vasto:

> «¿Has visto la alegría de los peces en el río?», preguntó un hombre a su amigo, mientras los contemplaban desde el puente.
>
> «¿Cómo tú, que estás sobre el puente, puedes conocer la alegría de los peces en el río?», replicó el amigo.
>
> «Por la alegría que siento sobre el puente...», respondió el hombre.

12

Río que desemboca en el mar

Esta imagen también me gusta y te la propongo:

Cuando ya estás tranquilo y relajado, créate la imagen de un río que te guste y te inspire especialmente, sea real o imaginario...

Contempla el color y la transparencia de sus aguas, el lecho por el que circulan, la rapidez o placidez de su movimiento, la vida que se encuentra en su interior, la vida que brota en sus riberas...

Imagina que estás flotando en él y te dejas llevar, confiadamente, por sus aguas amables... río abajo... pasando por diferentes paisajes, cada uno único en su propia belleza... aceptando ir dejándolos atrás para poder acoger y contemplar la belleza del siguiente...

Imagina ahora que te sientes tan identificado con el río que es como si te disolvieras en él, transformándote en él mismo... bajando... río abajo... con placidez... seguro... confiado... tranquilo... feliz...

Te encuentras ya en el llano, cada vez más cerca del mar, y tus aguas se ensanchan, volviéndose aún más tranquilas, más serenas...

Vas llegando al extenso mar y tus aguas se van perdiendo en él... plácidamente...

El mar te acoge, amable y gozoso, y tú te abandonas a él confiadamente...

Te ensanchas... eres ilimitado... eres el mar mismo... inmenso... infinito... silencioso...

Permaneces ahora en ese Silencio ilimitado... que lo incluye todo, que lo abraza todo... Más allá de tu fantasía... *la Realidad...*

(Hay personas que utilizan por lo general este ejercicio para entrar en silencio. En cambio, aquellos que han tenido alguna mala experiencia con el agua no se sienten demasiado cómodos con él. Tú haz como mejor te encuentres, libremente.)

Es probable que conozcas ya el cuento de la «Muñeca de sal», que guardaría relación con este ejercicio:

Explica el cuento que había una muñeca toda ella de sal, que vivía en un gran país.

Un día oyó hablar de algo que le resultó totalmente desconocido y atrayente: *el océano.*

Hasta tal punto que decidió ponerse en camino para conocerlo, aunque le costase semanas y semanas de duro caminar, estimulada solo por el deseo de conocer aquel ser fascinante: *el océano.*

Finalmente, llegó a la playa, desde donde por primera vez podía ya contemplar, imponente, infinito, el objeto de su búsqueda. Sobrecogida y feliz al mismo tiempo, la muñeca de sal se dirigió directamente al mar para decirle: «¡Hola, océano! Me han hablado tan bien de ti que no he podido resistir el impulso de venir desde muy lejos a conocerte».

El océano le respondió, con voz amable: «Muy bien, muy bien, pero si de verdad quieres conocerme, avanza hacia mí, ven...».

Y la muñeca, obediente, avanzó por la arena hasta que una ola le cubrió los pies. Entonces, se dio cuenta, sorprendida, de que sus pies le desaparecían, disueltos en el agua. Se sentía algo asustada pero al mismo tiempo contenta, porque empezaba a conocer al océano de una manera especial.

Mas el océano insistió: «Si de verdad quieres conocerme, continúa andando...».

Y la muñeca siguió avanzando, decidida, agua adentro, sintiendo cómo su cuerpo se iba deshaciendo en ella. Pero al mismo tiempo que experimentaba el sobrecogimiento de la pérdida, sentía el gozo de transformarse en el objeto de su larga búsqueda: *¡Ahora ya sabía qué era el océano!*

13

Repitiendo una palabra o frase: el mantra

Como ya decía en la introducción, hay personas que tienen mucha facilidad para *visualizar*, algunas que son más bien de *escuchar* y otras más de *sentir*, aunque se puede educar en las tres capacidades, de tal manera que podemos enriquecer lo que nos resulta más fácil y espontáneo con las capacidades que ayudamos a despertar con un poco de atención y dedicación explícitas.

Este capítulo y los tres siguientes hacen más bien referencia a elementos *auditivos*. Por tanto, se sentirán cómodos sobre todo aquellos que tienden más a «decirse» las cosas que a «verlas» o «sentirlas», aunque sobre todo el presente ejercicio lo recomendaría vivamente a todo el mundo.

No en vano hallamos en la mayoría de las tradiciones religiosas la práctica de la repetición de una palabra o frase (*mantra*, término hindú que cada vez más forma parte del acervo común) como un medio poderoso de control del pensamiento y de focalización de la atención en dicha palabra o frase que nos remite a lo Esencial.[6]

El proceso de repetición de una palabra o frase suele seguir tres etapas: 1. Comienza en la *lengua*, al ser repetida verbalmente. 2. Se va interiorizando, pasando hacia el *pensamiento*, ya sin necesidad de pronunciarla oralmente. 3. Acaba interiorizada en el *corazón*, o centro del yo personal, donde la palabra o frase deja ya de ser un concepto o un significado y se transforma en una Realidad en la que el «pequeño yo» se pierde, como la muñeca de sal en el océano.

Probablemente estés ya preguntándote: «¿Y qué mantra repito?».

La respuesta es un poco delicada, porque es importante que tu mantra sea significativo para ti. Por ejemplo, si por lo general te relacionas con el Absoluto como un Dios personal, puedes repetir el Nombre que utilizas para invocarlo, ya sea a Él, ya sea a las mediaciones que te conducen a Él: la tradición cristiana del *hesicasmo* (del griego *hésychia*, «tranquilidad», «quietud»), por ejemplo, repite constan-

---

[6] En la tradición cristiana, a esta forma de oración se la llama «jaculatoria», por ser una palabra o frase que «lanzamos» o «proyectamos» a menudo con la mente para ir «despertando» el corazón.

temente el nombre de Jesús. O los cristianos, en general, se dirigen a Dios llamándolo *Padre*, o *Abbá* (utilizando la misma expresión que empleaba Jesús). Son también bien conocidos los mantras hindúes que se dirigen a Krishna, Rama, Shiva, etc. O la práctica del *dhikr* (pronunciado «zikr»), o invocación constante de Alá, en el mundo musulmán.

En cambio, si tienes más dificultad en creer y relacionarte con un Dios personal que con el Ser de todo, o simplemente, con tu Yo más profundo, será mejor que utilices una expresión que haga referencia a ello que otra que suponga una confrontación con tus creencias. Así, por ejemplo: «Amor», «Luz», «Vida», «Yo soy», «Yo», etc.

Puedes, por último, combinar en un solo mantra dos o más palabras que te inspiren, como por ejemplo: «Yo soy Amor», «Yo soy Luz», «Dios-Amor», etc.

Durante unos cuantos días, podrías darte cierto margen para ir probando más de un mantra, pero una vez hayas escogido uno, vale la pena no cambiarlo por un buen tiempo, porque mucha de su eficacia reside en la asociación inconsciente espontánea que vamos estableciendo entre la palabra y la apertura interior de conciencia a la Realidad que significa, de manera que el recuerdo de la primera (la palabra) suscite espontáneamente la vivencia de la segunda (la Realidad).

Y aprovechando también lo de la asociación inconsciente, muchas tradiciones añaden a la repetición interior del mantra el uso de un rosario, a fin de que no solo el pensamiento permanezca «ocupado» con la repetición, sino que también el cuerpo se «implique» en esa actividad a través de las manos. Con el tiempo, el solo contacto con el rosario remite a la interioridad.

Una de las ventajas de la repetición del mantra es que no hace falta limitarla a los ratos de meditación explícita, sino que el mantra puede ir repitiéndose en muchos momentos del día en que la mente no está especialmente ocupada y tendería a divagar, como cuando haces algún trabajo manual o caminas o conduces, etc. Así, uno va creciendo en lo que los maestros llaman «la guarda del pensamiento», un elemento básico para ir desarrollando un proceso interior serio. Si bien Oriente ya lo tenía en consideración desde hace mucho tiempo, en Occidente cada vez nos vamos volviendo más conscientes de que lo que pensamos va «creando» en cierto modo la realidad que vivimos, a cualquier nivel; y también de la importancia de mantener ese pensamiento conectado con la última Realidad que somos, bien permaneciendo en silencio, bien reflejando, en su actividad, nuestra conciencia más profunda. Al repetir el mantra, dirigimos el pensamiento hacia la Realidad y, en la medida en que hemos ido aprendiendo a unir el pensamiento que pronuncia el mantra con el «lugar del corazón» (lo que los maestros llaman «bajar la mente al corazón»), la mera evocación del mantra nos abre el corazón y nos despierta a lo Esencial.

Pasemos ya a describir en qué consiste esta práctica: Te hallas sentado tranquilamente, habiendo tomado ya conciencia de tu cuerpo...

Permaneces ahora unos minutos atento a la respiración, suave, reposada... inspirando... espirando... inspirando... espirando...

Esta atención a la respiración vas focalizándola en el *«lugar del corazón»* (el *corazón de la derecha*, ¿recuerdas? A partir de ahora, si no se especifica otra cosa, al referirme al «corazón» será a este). Y desde aquí sientes cómo inspiras... espiras...

Ahora empiezas a pronunciar interiormente el mantra escogido, al ritmo de la respiración: si consta de una sola palabra, puedes pronunciarla cuando espiras, si consta de dos o más, puedes repartirlo entre la inspiración y la espiración. Más que una actividad mental tensa, se trata como si el mantra se pronunciase a sí mismo y tú simplemente lo dejases resonar dentro de ti, manteniéndote consciente de ello.

En un principio, probablemente te ayudará verbalizarlo, con voz audible o no. Cuando eso te resulte ya fácil, puedes pasar a hacerlo solo mentalmente. Y el tercer paso es el «bajar la mente al corazón» de que te hablaba antes, que consistiría en hacer como si el mantra lo pronunciases con el corazón. Aunque ahora ya no se trata tanto de *pronunciar* el mantra como de *vivirlo*. De tal manera que si sientes que el pensamiento se aquieta cada vez más y entras en Silencio, en la simple conciencia de *ser* Aquello que invocas o pronuncias, tanto mejor, porque esa es la finalidad de todo el proceso previo. ¿Que la mente vuelve a estar activa? Pues tranquilamente la diriges de nuevo hacia el «lugar del corazón» a través de tu mantra...

La experiencia común de aquellos que practican habitualmente este tipo de meditación u oración es que ayuda mucho a ir adquiriendo la *conciencia constante* de nuestra Realidad última, y nos mantiene *despiertos* a esta Realidad, presente en cualquier lugar y en todo momento: como si nos volviésemos el *Testigo* silencioso y eterno de nuestra —y toda— realidad creada.

14

Meditando con OM

Hablando de la meditación con mantras, creemos que la sílaba sagrada OM merece un capítulo aparte, porque si bien proviene de la tradición hindú, va formando parte espontáneamente del acervo común de muchas personas que se enmarcan en otras tradiciones religiosas.

Tal como nos parece entenderlo, OM expresaría la vibración primordial a partir de la cual el resto de la creación existe, el sonido primordial que brota del Silencio, a partir del cual se forma toda palabra, todo pensamiento y toda música. Es también el último sonido, la última vibración antes de «perdernos» en el Gran Silencio, la Fuente, el Origen y el Fundamento de todo.

OM está formado de tres elementos: A y U que se unen dando lugar a O, seguidas de M: tres letras en un único sonido. Por eso, lo encontramos también a veces escrito como AUM. Es el sonido más simple que pueda pronunciar una persona: A, el sonido primordial en todas las lenguas, que se oscurece en O y se prolonga en la resonancia nasal, figurada por M.[7]

Pero hecha esta breve introducción al sentido de OM, quizás lo mejor sea no tanto especular, cuanto experimentar con ello. ¿Cómo meditar, pues, a partir de OM?

Hay dos posibilidades: que toda tu meditación esté centrada en OM, o bien que lo pronuncies algunas veces al inicio de ella, para continuar utilizando alguna otra fórmula.

Tanto en un caso como en el otro, empiezas, pues, como siempre, con algunas respiraciones profundas y completas, y con un breve repaso de las sensaciones corporales.

Acto seguido inspiras hondo y, relajando la glotis y dejando que el sonido provenga del fondo del pecho, es decir, de la zona del diafragma, abres bien la boca y dejas salir el OM: más como un sonido que se pronuncia a sí mismo en ti y que tú acoges conscientemente, que como un sonido que tú pronuncies de manera activa. Es como si todo el universo estuviera pronunciando el OM constantemente y tú simple-

---

[7] Encontraréis estas explicaciones sobre OM ampliadas bellamente en: Henry Le Saux, *Despertar a mí mismo, despertar a Dios*, Bilbao, Mensajero, 1988.

mente lo dejases resonar en tu cabeza y todo tu cuerpo. Mantienes el sonido tanto como te resulte confortablemente posible, dejando que su vibración recorra todo tu cuerpo, en especial la columna vertebral, y resuene en el interior de la cabeza, como si apartase con amabilidad cualquier otro tipo de pensamiento.

Lo repites tantas veces como desees, hasta que sientas el deseo espontáneo de permanecer en silencio.

Probablemente, OM continuará aún resonando en tu interior, produciéndote una agradable sensación de integración, de armonía y de silencio interior que te facilitará y te invitará, por decirlo así, a «perderte» en el Gran Silencio.

Si de nuevo te descubres con la mente activa o distraída, puedes volver a repetir el OM, de viva voz o interiormente, reiterando el proceso anterior.

Como te decía, puedes pasar todo el tiempo de la meditación centrándote en este mantra, o también pronunciar simplemente algunos OM al inicio de cualquier otra práctica de meditación. Pronto constatarás su bondad y riqueza, y amarás este mantra casi tanto como lo ha hecho, durante milenios, el pueblo hindú.

15

Meditando con música

Permíteme que introduzca este capítulo con una anécdota personal:

Hace ya bastantes años cuando, de joven, subía con frecuencia a visitar al ermitaño monserratino de quien ya he hablado, invité una vez a un hermano mío a acompañarme. Se trataba de un joven de 21 años, sensible e interesado por la dimensión espiritual. Él tenía entonces dos grandes amores: una joven con la que salía, y la música, a la que se dedicaría más tarde profesionalmente. Mientras ascendíamos hacia la cueva del ermitaño, me confesó que temía que este le dijese que para descubrir y vivir el Absoluto había de renunciar a alguno de sus dos grandes amores: la amiga o la música.

El ermitaño, no obstante, como si hubiera captado aquellos temores, al saber que era músico, le habló, no en términos de *renuncia,* sino de *integración.*

Le dijo:

No se trata de escoger entre Dios *o* la música, a manera de disyuntiva. Y tampoco de vivir Dios *y* la música, como dos realidades complementarias, sino de vivir *Dios-música*, es decir, vivir la música en toda su profundidad y plenitud.

Y con gran sabiduría explicó a mi hermano –que lo escuchaba emocionado, sintiéndose profundamente comprendido– cómo la música era entonces su camino para llegar al Silencio.

La música –así como cualquier otra expresión artística: pintura, poesía, danza, teatro, cine, etc.– nos hace participar del nivel de la conciencia de la persona que la compuso, de tal manera que si la música surgió de la conciencia profunda del autor, con verdadera inspiración, escucharla con actitud abierta y receptiva nos introduce en la misma atmósfera profunda de donde nació y nos es una ayuda valiosa para conectar con nuestra propia profundidad. Seguro que, a partir de tu experiencia personal, me entiendes.

Por eso, encontramos músicas más vitales –como salidas del plexo solar– que estimulan nuestra propia vitalidad; y otras más emotivas o «románticas» –salidas del *chacra* del pecho– que mueven nuestra afectividad. U otras más frías y «cerebrales», que generan un puro placer estético de cariz más intelectual. Y en la misma línea, encontramos músicas que han surgido realmente de la dimensión espiritual y que ayudan a abrir nuestra conciencia a ese nivel.

¿En qué consiste, pues, nuestro ejercicio de hoy? Pues, sencillamente en escoger bien la música que queremos y ponerla a un volumen suave...

Iniciamos la meditación como ya estamos acostumbrados: respiraciones, toma de conciencia corporal, etc...

Y abrimos, a continuación, no solo nuestros oídos, sino todas las células de nuestro cuerpo a la música ambiental, como si hubiera de entrarnos por ósmosis, de tal manera que nos *transformemos en la misma música*. Si la música había surgido de la Fuente, fácilmente nos introducirá en la Fuente, en el Silencio que se esconde tras todo sonido. Si has practicado con el OM, aún te resultará más familiar este ejercicio.

Si aparecen pensamientos, sensaciones o imágenes que distraen tu atención serena, con toda tranquilidad −en cuanto te des cuenta− déjalos pasar, para volver a *hacerte uno* con la música.

Constatarás que la música y el Silencio no son incompatibles, sino las dos caras de la misma Realidad: «No Dios *o* la música, ni Dios *y* la música, sino *Dios-música*».

16

Escuchar el silencio de la naturaleza

Este capítulo estaba ya insinuado en los capítulos 10 y 11, cuando te hablaba de identificarte con la naturaleza, pero me parece oportuno que ahora le dediquemos un espacio propio porque, a estas alturas, ya te habrás dado cuenta de la dificultad que supone tener la mente tranquila durante la meditación. Y creo que el silencio de la naturaleza es una buena ayuda para trascender la mente y conectar con nuestro propio silencio interior.

Si en los anteriores ejercicios correspondientes te recomendaba identificarte con los diferentes aspectos de la naturaleza, en este se trataría básicamente de identificarte con *su silencio:*

Estando en medio de la naturaleza o cerca de algún ser vivo, vegetal o animal, permanece tranquilo contemplándolo, no tanto observando sus detalles cuanto percibiéndolo *como una totalidad,* para facilitarte más cierta *identificación sentida* (como desde el *corazón*) que una observación exterior, fácilmente dual y analítica (más *mental*).[8]

En este estado contemplativo del objeto de la naturaleza escogido (o de la naturaleza de forma global, si es que estás en medio de ella), pon especial atención a su silencio: *escúchalo...* Toma conciencia de cómo la naturaleza vive y despliega todas sus funciones en el puro presente, en perfecta armonía y perfecto *silencio.*

Constata cómo este silencio no puedes *pensarlo,* sino que para percibirlo has de *vivirlo:* vívelo, pues, simplemente... como si el silencio de la naturaleza tuviese fuerza propia y quisiera envolverte también a ti, serenando tu mente y llenándote de su paz... Y tú, simple... confiadamente... le dejas crear el... SILENCIO...

---

[8] Cf. capítulos 10 y 11.

17

Respirar amor

Empezamos ahora una serie de ejercicios más relacionados con el *sentir* que con el *visualizar* o el *escuchar*, como eran los anteriores. Las personas que priorizan de manera espontánea este canal de percepción se encontrarán más cómodas realizando estos y les resultarán probablemente más fáciles que los anteriores.

El primer ejercicio es muy sencillo y se refiere a un término, el *Amor*, difícil de definir pero de cuyo significado todos tenemos cierta intuición vital; yo diría que va asociada a la vivencia de «salir de sí mismo», de «vaciarse», «expandirse», «autoencontrarse en el otro», «autotrascenderse», etc.

Una vez realizadas las primeras respiraciones completas y la toma de conciencia de las sensaciones corporales, dirigimos la atención al «lugar del corazón» y permanecemos así unos cuantos minutos, respirando tranquilamente...

A continuación, hacemos como si con cada nueva espiración saliese de nuestro «corazón de la derecha» una onda expansiva de Amor, que tiene fuerza por sí misma, la cual nosotros meramente canalizamos y le abrimos paso.

El alcance de esta onda de Amor sería, con cada respiración, más amplio: así, empezaría incluyendo nuestro propio ser individual –tanto el cuerpo físico como el psiquismo–, llenándolo de energía amorosa y curativa...

A continuación, la onda amorosa llegaría a nuestro entorno inmediato –espacio y personas–, para continuar expandiéndose por nuestra ciudad, nuestro país, etc., hasta sentir que nos expandimos a todo el universo...

Permanecemos en la conciencia de *ser Amor*, únicamente Amor, que lo une todo, que lo simplifica todo, que lo completa todo, ya ahora...

Esta vivencia hace exclamar a las personas que la viven, de manera incomprensible y en apariencia cínica para los que las escuchan desde otro nivel de conciencia: «TODO ES BUENO».

Recuerdo ahora una anécdota vivida y explicada por el ermitaño, que creo viene al caso:

Recibió un día la visita de un hombre a quien hablaba espontáneamente en los términos anteriores, de tal manera que el buen visitante iba poniéndose más y más nervioso, porque su percepción de la realidad era bien diferente de la del ermitaño. Al final y de manera abrupta, le abrió un diario reciente, lleno de noticias dramáticas, diciéndole: «Toma, lee: este es tu mundo "¡bueno y amoroso!"».

El ermitaño, sin perder la serenidad, le respondió: «Mira, en este mundo existe infinitamente más dolor del que encontramos reflejado en este diario. Pero aunque haya tanto *dolor,* aún existe mucho más *Amor* en él. Y porque lo vivo y lo gozo hablo así y puedo tener paz y esperanza, a pesar de todo el dolor de superficie, que también vivo como propio».

18

Abriéndonos desde cada *chacra*

Este ejercicio complementa el del capítulo 6: «Jugando con la energía».

Hay ejercicios o técnicas de meditación, como la indagación del Yo profundo (capítulo 4) que nos conducen directamente a trascender nuestro yo individual –cuerpo y psiquismo– para vivir nuestra última realidad –el Yo único.

En cambio, otros ejercicios, como el que ahora proponemos y el próximo, antes de trascender el yo individual lo incluyen, haciendo un trabajo curativo e integrador: se basa en la descripción de los diferentes *chacras* o centros de energía que contempla el yoga, abriendo cada uno de ellos y trabajando consecuentemente aquella determinada parte de nuestra persona que un *chacra* en concreto regula o canaliza.

La tradición del yoga nos dice que los *chacras* (palabra sánscrita que significa «rueda») son a la vez centros de energía y de conciencia que regulan y canalizan la energía psíquica que afecta a las diferentes facetas de nuestra vida.

Así —y muy resumidamente—, aunque hay muchos centros de energía psíquica o *chacras,* suele hablarse de siete principales (prescindimos de los nombres sánscritos):[9]

- El primer *chacra* estaría situado en la base de la columna vertebral, o mejor, en el perineo, y se le atribuye el color *rojo*. Sería el que hace referencia al aspecto material de nuestro ser y que nos conecta, por tanto, con el mundo de la *materia:* este *chacra* regula nuestra relación con la materia y lo que la simboliza, como el dinero.

- El segundo *chacra* se encontraría justo sobre los genitales y suele visualizarse de color *naranja*. Es el centro que canaliza y expresa la *energía sexual*.

---

[9] Aquí te doy una información básica que creo suficiente para lo que pretendo. Si quieres profundizar más sobre el tema, la bibliografía es extensa, diversa y no siempre fiable. Te doy dos títulos que pueden servirte, aunque el tema de los *chacras* se aborda entre otros: Antonio Blay, *Tantra-Yoga,* Barcelona, Iberia, 1986; Barbara Ann Brenan, *Manos que curan,* Barcelona, Martínez Roca, 1990.

Nos conecta, por tanto, con la propia especie, la humana. Determinados miedos vinculados con la sexualidad se expresan en bloqueos energéticos en este centro. Abrirlo conscientemente ayudará, por tanto, a resolver dichos miedos.

- El tercer *chacra* se hallaría en la zona del ombligo y se le atribuye el color *amarillo*. Es el *chacra* de la *sensualidad:* estaría, pues, relacionado con el *placer,* que puede llegarnos a través de cualquiera de los sentidos. En este centro energético hallamos las emociones en su expresión más básica –a menudo escondidas en el inconsciente y que afloran a la superficie a través de síntomas físicos–, emociones como la alegría, el miedo, la tristeza, la ira o el amor (expresado en este centro como deseo o tendencia a la aproximación al otro, que culminaría con el aparejamiento). Emociones que hallamos también –a su nivel– en el mundo animal superior.

- El cuarto *chacra* lo situamos en la zona del pecho (toda la zona del *corazón,* que comprendería el corazón físico –más bien en el lado izquierdo–, el psíquico –en el centro– y el espiritual –hacia la derecha del pecho–)[10] y lo visualizamos de color *verde*. Es el centro energético relacionado con la *conciencia del yo* y de su expresión a través de la

[10] Cf. capítulo 4, «Descubriendo el Yo», pp. 38-39.

afectividad. Canaliza el amor en cuanto sentimiento de afecto.

- El quinto *chacra* estaría situado en el cuello, en la zona de la garganta, y se le atribuye el color *azul oscuro*. Lo definiríamos como el *chacra* de *la expresión del ego,* porque es el centro que regula la expresión del ser individual frente al exterior (la voz se produce en esta zona del cuerpo). Está conectado de manera especial con el resto de *chacras* anteriores, de tal forma que si este centro está abierto o relajado, ayuda a los demás a abrirse o relajarse; y a la inversa: acusa los bloqueos o tensiones que pueda haber en los centros más bajos.

- Al sexto *chacra* se lo ubica en el entrecejo y se le atribuye el color *morado*. Este centro regula *la actividad mental* –el intelecto–, al mismo tiempo que está conectado con *la intuición* y las facultades que llamamos *paranormales* o del *mental superior* (por eso, hay quien se refiere a él como «*el tercer ojo*»).

- Al séptimo *chacra* lo situaríamos sobre la parte alta de la cabeza, y sería de color *blanco brillante o dorado*. Es el centro del *amor altruista*. Es el que nos conecta con todo el universo haciéndonos sentir parte de un todo, vinculados por una realidad difícil de definir, que a menudo llamamos «amor».

Si bien la experiencia espiritual trasciende el nivel de las energías psíquicas en el que se produce la actividad de los siete *chacras,* hay tres de ellos que desempeñan un papel especial: como si tuviesen también cierta relación con el despertar o la conciencia espirituales, de tal manera que la concentración en estos centros ayuda a dicha conciencia, y a la inversa, la conciencia espiritual tiene también ciertas repercusiones en esos tres centros energéticos.

Los tres *chacras* a que nos referimos son: 1) El cuarto, el del *corazón,* que nos lleva a tomar conciencia del Absoluto como *presencia.* 2) El sexto, el del *entrecejo,* que nos lleva a tomar conciencia del Absoluto como *luz.* 3) El séptimo, el de *la parte alta de la cabeza,* que nos abre al *Amor universal* como conciencia de *no-dualidad* y que se expresa concretamente en este *chacra* como *fuerza* que procede de lo alto.

De ahí que muchos maestros espirituales insistan básicamente en la concentración en estos tres centros, de cara al despertar espiritual, más que hacerlo, en un principio, en todos los *chacras.* Una vez estos tres centros se van abriendo a la conciencia espiritual, ya podemos ir tomando conciencia de los demás, más exclusivamente vinculados a la actividad del ego o ser individual, porque entonces podemos ya canalizar con mayor facilidad la energía que se despierte en ellos, ahorrándonos la posible dificultad de que apareciese mucha energía en cualquiera de estos centros, como fruto de la concentración, y que no supiéramos cómo canalizarla.

Me parece, no obstante, que a estas alturas de nuestro proceso meditativo –si has ido siguiéndolo–, puede resultarte muy agradable y útil, con vistas a la concentración, la práctica del siguiente ejercicio:

Empieza, como siempre, por unas cuantas respiraciones profundas y tomando conciencia corporal...

Ahora practica unos minutos lo que aprendimos en el ejercicio del capítulo 6, es decir, imagina que te abres a la energía que procede de lo alto, cuando inspiras, que entra por la parte alta de la cabeza y atraviesa toda la columna vertebral, y la dejas salir por la parte baja del tronco hacia la tierra. Y durante la espiración imagina que dejas circular la energía por la parte delantera del tronco, que sube desde la tierra hasta por encima de tu cabeza... Permanece, pues, atento a este circuito energético durante un rato...

Empieza ahora a pararte, durante la espiración, en el *primer chacra* –el que te conecta con la materia–, en la base de la columna, visualizándolo de color rojo y imaginando que lo abres más y más a la circulación libre de la energía que has inspirado, permitiendo que salga por ese centro hacia delante o en todas las direcciones (como te resulte más fácil de imaginar o experimentar)...

Tras algunas respiraciones (a tu discreción), pasa a concentrarte en el *segundo chacra* —el de la sexualidad—, sobre los genitales, visualizándolo de color naranja y haciendo como si lo abrieses también con cada espiración...

Pasa ahora al *tercer chacra* —el de la sensualidad—, a la altura del ombligo, imaginándotelo de color amarillo y abriéndolo también a la energía que te llega de abajo y que proyectas hacia delante o en todas direcciones...

Y a continuación, haz lo mismo con el *cuarto chacra* —el del corazón—, en la zona del pecho, de color verde, abriéndolo más y más...

Y ahora te concentras en el *quinto chacra* —el de la expresión del ego—, a la altura de la garganta, de color azul oscuro. Siente que relajas y abres más y más esta parte, permitiendo que la energía circule libremente por ella y se proyecte hacia fuera...

Pasa, a continuación, al *sexto chacra* —el de la frente—, de color morado. Ábrelo más y más a la energía que respiras...

Y ahora toma conciencia del *último chacra* —encima de la cabeza—, de color blanco brillante (o dorado, si lo prefieres), sintiendo que aquí la energía se expande en todas direcciones, que tu conciencia también se expande, que tú también te expandes, que todo deviene simplemente Uno... Paz... Plenitud... Silencio...

Puedes repetir este circuito más de una vez —si te apetece—, al mismo tiempo que pararte en cada centro el tiempo que desees. Enseguida te darás cuenta de que hay centros en los que te resulta más fácil concentrarte y abrirte que otros: dedica, pues, a estos últimos un poco más de tiempo. Déjate guiar por la intuición en este proceso, de tal modo que habrá días en que harás varios recorridos globales, y otros solo uno, o en que te pararás más en un *chacra* que en otro, y al día siguiente será al revés, porque sentirás la necesidad de ello.

Lo que sí te recomendaría es que si te decides a explorar la bondad de este ejercicio, no lo hagas rápidamente, sino que lo practiques unos cuantos días seguidos, ya que es un ejercicio laborioso en que las primeras veces trabajarás más que nada con la imaginación, y además pendiente de hacerlo correctamente.

Y solo con una práctica continua constatarás que cuando nos referimos a la *energía* o a *abrir los chacras* se trata de algo más que de imaginación. Y que la *integración* o los *efectos terapéuticos* son reales. Lo dejo, pues, a tu experiencia.

19

Abriéndonos desde todo el ser

El proceso meditativo es un proceso de *apertura* y *expansión de la conciencia*. Seguro que, a estas alturas, ya lo tienes bien comprobado. Si en el ejercicio anterior esa expansión de conciencia nos llegaba a través de un recorrido por los diferentes centros de energía o *chacras,* ahora el proceso que te propongo es un poco diferente, aunque en la línea de aquel: se trataría de ir abriendo a la conciencia expandida –que en este ejercicio llamamos «Vida» o «Energía universal»– en cada nivel de nuestro ser: el físico, el psicológico (emocional y mental), para acabar expandiendo también la conciencia del yo individual subyacente a los procesos mentales y emocionales.

El ejercicio sería así:

Respiraciones profundas y toma de conciencia corporal...

Una vez acabado el repaso del cuerpo, parte por parte, permanece en la conciencia del cuerpo como un todo. Imagina ahora que abres *cada célula* a la Vida: igual que si cada célula perdiese densidad física y se volviese permeable a la Energía del universo. Siente como si todo tu cuerpo físico fuese volviéndose más y más sutil, hasta diluirse en esa Energía universal...

Dirige ahora la atención a la zona del estómago y del pecho, donde se alberga nuestro *mundo de emociones y sentimientos,* mundo ciertamente más sutil que el físico, pero con unas cargas energéticas a veces muy intensas y que pueden causarnos bastantes problemas si no sabemos o no llegamos a controlarlas. Es tu parte emocional, que conoces bien. Contacta con ella de forma global, como un todo, e imagina que vas abriéndola también a la Energía del universo, a la Vida. La vas abriendo más y más a ella hasta que sientas como si al final se diluyese también en esa Energía cósmica sutil.

Dirige ahora la atención a la zona de la frente, la sede del *intelecto y de sus procesos mentales*. Esa mente a menudo tan incontrolada y que nos causa, a veces, por su íntima conexión con el mundo emocional tanto trastorno, por no saber pararla cuando conviene o no saber pensar con más perspectiva u objetividad.

Imagina que abres también esta parte de tu yo —tu mundo mental— a la Energía cósmica, a la Vida, y que, en la medida en que va expandiéndose y fundiéndose con ella, los pensamientos van perdiendo fuerza... y se vuelven más sutiles... y tu mente se queda como en blanco, en un agradable silencio...

Date cuenta ahora de que eres espectador de todo este proceso: que detrás del cuerpo físico, del cuerpo emocional y del cuerpo mental, hay *un yo con un nombre propio* y que se identifica con los niveles anteriores, apropiándose de ellos.

Permite que ese «yo» vaya expandiéndose más y más hasta diluirse en la Vida que llena todo el universo: experimenta ahora que *tú eres Todo*... únicamente eso... y permanece en esa conciencia...

20

Descansar en el Absoluto

En cuanto pertenecientes a una cultura que fomenta la actividad permanente, tanto respecto a la creación productiva como al mismo ocio, creo que nos vendría bien contemplar la meditación como un espacio en que no vamos a *hacer* una actividad más, sino simplemente a *ser,* lo que implica un profundo *descanso* de toda nuestra persona.

Dice la Biblia que después de haber creado el mundo Dios *descansó.* Y la tradición judaica basa en este *descanso de Dios* —el *sabbat* de Dios— su precepto de descansar el sábado.

El Amor es dinamismo, es creación, pero también reposo, descanso: la tradición hindú lo simboliza bien con la complementariedad divina *Shakti-Shiva:* Shakti, el Absoluto en cuanto energía cósmica en permanente actividad creadora, transformadora y destructora; y Shiva, el Absoluto en cuanto trasfondo silencioso e inmóvil de toda esa actividad y ese dinamismo.

En la tradición cristiana también encontramos una invitación al *descanso del alma* en las palabras de Jesús: «Venid a mí todos los que estéis cansados y atribulados, que os haré reposar».[11]

Por eso constato que nos viene bien contemplar la meditación como un tiempo de reposo en profundidad, de dejar que nuestras tensiones físicas y psíquicas se aflojen, que el peso de nuestras preocupaciones se aligere, y el alma –y de rebote, el cuerpo– descanse profundamente. Es como si el Absoluto se hiciera dinamismo y complejidad al volverse criatura en nosotros para que podamos reencontrar el *descanso* haciéndonos Absoluto en Él.

El proceso que seguiremos en este ejercicio es muy similar al del ejercicio anterior, pero si entonces insistíamos en *abrir,* ahora se trata de *descansar:*

Respiraciones profundas y toma de conciencia corporal...

Dedica ahora unos minutos a afinar la atención interior introduciéndola en el Silencio o en la Presencia –en definitiva, en la conciencia de Absoluto–,

---

[11] Mt 11,28. Cuando Jesús dice «yo», entendemos que no se refiere meramente a su yo individual, creado, tal como los discípulos lo perciben, con su cuerpo y psiquismo; sino que sobre todo se está refiriendo al único Yo con el cual se identifica, el Absoluto, al que llama *Abbá* o Padre, y al que manifiesta en su ser creado individual con total transparencia.

a partir de la práctica que ya tienes y a través del medio que te resulte más cómodo y familiar...

En esta paz y quietud, toma conciencia de ti mismo en cuanto *cuerpo físico,* y con la certeza de que el Absoluto es el *lugar* donde tu cuerpo puede encontrar el reposo perfecto, *descansa* todo tu cuerpo en esta Realidad, este Silencio, esta Plenitud... Y si alguna parte de tu cuerpo está especialmente tensa, cansada, débil o quizás enferma, con más motivo condúcela al *descanso* en el Ser.

Contacta ahora con tu *mundo emocional,* desde la zona del estómago y el pecho. Quizás aparecerán movimientos emocionales asociados a vivencias recientes o antiguas... Quizás haya calma, simplemente... comoquiera que sea, *descansa* también todo tu mundo emocional en el Ser.

Dirígete a continuación a la zona de la frente y toma conciencia de tu *mundo mental,* de tu intelecto, a veces tan agitado, a veces tan cansado, o tan espeso... Ahora, pues, es el momento del *descanso* en profundidad de tu pensamiento. No tengas en cuenta si la mente está en actividad o no, ni hagas nada para pararla... Ahora, simplemente, *descánsala* en el Absoluto...

Conduce la atención aún más hacia el interior: a aquel *yo* que está detrás de todos los procesos anteriores y que los aglutina en un yo individual al que le das tu nombre propio. La zona corporal para acercarte a él sería la del *corazón de la derecha.* Demasiado acostumbrado a consumir mucha energía en creerse separado de los demás y de todo, y a comprimirse en unos límites bien estrechos, agradece la invitación a descansar en el Ser, pero la inercia a mantenerse *comprimido* no siempre se lo pone fácil... En un *salto* de confianza, «como un niño en la falda de la madre», *descansa* todo tú en el Ser hasta que no haya al final *nadie* que descanse... hasta que únicamente haya *Descanso*...

Me gusta esta oración judía:

Mi corazón no es ambicioso, Señor. No son altivos mis ojos.

Vivo sin pretensiones de grandezas o de cosas demasiado altas para mí.

Me mantengo en una paz tranquila, como un niño en la falda de la madre,

mientras espero tus dones...

(Salmo 130)

21

Yo soy tú

Antes de proponerte un nuevo ejercicio, quiero referirme a una clasificación que hace la tradición hindú y que me parece muy iluminadora. Esa tradición señala tres «caminos» *(margas)* para llegar a la «realización» espiritual:

* *Karma-marga,* o camino de *la acción desinteresada:* este camino hace hincapié en actuar sin aferrarnos al éxito o fracaso de nuestra actividad –a partir de las expectativas que nos habíamos forjado–. Dicho camino purificaría el *ego* en cuanto no le permite aferrarse a los frutos de su acción, cualesquiera que fueren, sino ser meramente *canal* de expresión y de manifestación de la Energía Cósmica, en permanente actividad, y que se expresa en cada individuo de manera única e insustituible. Y culminaría en la disolución de la conciencia de un *yo separado* en la conciencia de un único

Yo, inerte y estable y –al mismo tiempo– en permanente actividad.

- *Bhakti-marga,* o camino de *la devoción:* este camino parte de la conciencia de *dualidad* que tiene la persona, que se siente diferente y separada de la Divinidad y que pretende establecer con Ella una relación amorosa y de mutuo conocimiento. Supone, por tanto, un yo y un Tú en *diálogo*. Diálogo que el individuo realiza a través de la oración directa o expresada en rituales religiosos. A través de ese diálogo, se va alimentando el fuego del *amor* en el corazón del devoto, amor que va introduciéndolo en la realidad del Amado, abandonándose a él más y más hasta perderse totalmente en él, en una fusión mística en que desaparecen uno y Otro en cuanto separados y solo queda el *Amor*.

- *Jñana-marga,* o camino del *conocimiento:* este camino parte de la situación de *ignorancia* radical en que se halla el individuo que se cree separado del Absoluto y que necesitará un proceso de atención y *discriminación* continuos que lo conducirán a disipar el velo de la ignorancia para que aparezca, radiante, la única Realidad, esencial y multiforme, de la cual él también «forma parte», o mejor, es una expresión individual única.

Este camino hará especial hincapié en la *meditación,* entendida como estado permanente de atención y discriminación, que nos haga tomar conciencia del error que supone dar carácter de *realidad separada* a los objetos de nuestra percepción, y que con un constante *«neti neti»* (*«no es eso, no es eso»*) remita nuestra atención a un «Más Allá» desconocido, que acabará revelándose, como decíamos, el Fundamento de todo y a la vez la expresión creada de ese Fundamento, constituyendo ambos una única Realidad.

Es evidente que los tres caminos son complementarios y *desembocan* en una única vivencia o conciencia, aunque los medios con que se expresen son diversos y hacen que aquellos que se ponen a caminar por estas sendas se sientan más cómodos eligiendo una u otra como vía preferente. Y no son pocos, en el hinduismo, los que defienden la propia vía como la mejor o la más «rápida» para conducir a la «realización espiritual», cosa bien comprensible si tenemos en cuenta que es la que les resulta más familiar o fácil.

Muy probablemente también tú te encontrarás más cómodo practicando un tipo de ejercicios y no otros, ya sean más de línea *jñana* (conocimiento discriminativo) o *bhakti* (devoción). Respecto al *karma-marga* (acción desinteresada), sería el camino menos directamente trabajado en este libro, porque su práctica se realiza sobre todo durante la actividad misma, manteniéndose a la vez *atento y desprendido*.[12]

---

[12] Quizás el ejercicio del capítulo 5, «En el presente», sería el más directamente relacionado con esta vía.

Y de cara al ejercicio que ahora te propondré, conviene explicarte primero un conocido cuento oriental, que dice así:

Vuelve el amado a casa de la amada, después de largo tiempo sin verla, y con el corazón ardiente llama a la puerta con insistencia.

«¿Quién es?», responde una voz, desde dentro.

«Soy yo, tu amado. ¡Ya estoy aquí, después de tanto tiempo!», dice él con impaciencia.

«No puedes entrar», responde la voz.

«¡Ábreme, por favor, que soy yo y me muero de deseo por verte!»

«No puedes entrar», recibe por respuesta.

El amado se va desconcertado, y vuelve a la semana siguiente para repetir el mismo diálogo:

«¿Quien es?»

«¡Soy yo. Ábreme, por favor!»

«No puedes entrar.»

El amado no entiende nada y totalmente confuso y trastornado decide irse a digerir su pena en compañía de los ascetas solitarios del bosque, donde se entrega de lleno a la meditación durante un tiempo. Pasado el cual, vuelve de nuevo a casa de la amada, donde se repite la escena:

«Quién es?»

«Ábreme, que *soy tú.*»

Y al instante la puerta se abrió y la amada lo recibió con los brazos abiertos, mientras le decía tiernamente: «Ahora sí puedes entrar: *aquí no había lugar para dos*».

Este cuento nos da la clave para el ejercicio que sigue:

Empieza, como siempre, con respiraciones profundas y toma de conciencia corporal...

Ahora, mientras respiras con suavidad, evoca interiormente la presencia del Absoluto, más allá de toda sensación, pensamiento o sentimiento, y con cada respiración repite con dulzura en el *lugar del corazón:*

«Soy tú», como dirigiéndote a Él afirmando tu *no-dualidad* con Él. Permanece así el tiempo que desees...

Ahora da un paso más: imagina que permaneces en silencio y que la voz que resuena en tu interior es precisamente la del Absoluto que te dice con inmensa ternura y amor: «SOY TÚ».

Disfruta de este diálogo el tiempo que quieras...

Probablemente te sentirás conducido a entrar en un Silencio que ahorra toda palabra, en el cual ya no hay ni un yo ni un Tú separados, porque el Amor los une en una misteriosa *No-Dualidad*...

22

Expansión – Contracción de conciencia

Este ejercicio se encuentra ya implícito en casi todos los anteriores, pero me ha parecido que podría resultar útil explicitarlo en un ejercicio independiente. Se basa simplemente en el hecho de que entrar en el silencio profundo supone expandir la conciencia de sí mismo sin poner límites, cosa a la que no estamos demasiado habituados, por el hecho de que, por lo general, nuestra conciencia se halla limitada al ámbito del propio cuerpo, de las propias emociones y de los propios pensamientos; límites que marcan el espacio de un *yo individual* que percibimos como *separado* de los otros *yoes individuales*. A través de los ejercicios anteriores, ya habrás ido intuyendo que esta separación es más un producto de nuestra mente que una *realidad*, si nos situamos en el nivel del ser. Este ejercicio pretende, pues, introducirnos directamente en esa *realidad expandida*. Sería así:

Respiraciones profundas y toma de conciencia corporal...

Respirando suavemente, dirigimos la atención al *lugar del corazón*, a la derecha, donde señalamos para decir *yo*, y centramos dicha atención hacia ese yo psicológico con el cual nos identificamos por lo general, un yo que delimitamos espacialmente con los límites que nos marca el propio cuerpo físico...

Ahora imaginamos que ese yo nuestro rompe los límites de nuestro cuerpo físico y empieza a expandirse... a expandirse... trascendiendo todo tipo de límites... hasta el infinito... abrazándolo todo... incluyéndolo todo... sin límites...

Permanecemos en esta conciencia todo el tiempo que deseemos, y cuando recuperamos la conciencia habitual, más marcada por los pensamientos, sentimientos y percepciones corporales, procuramos mantener *despierta,* simultáneamente, esa conciencia expandida de la que hemos disfrutado durante el ejercicio...

23

Ser – Conciencia de Ser – Felicidad de Ser *(SACCIDANANDA)*[13]

Creo que pocas expresiones de la sabiduría universal podrían transmitir mejor que esta, a través de la palabra, la vivencia inefable de la Realidad, que nos ofrece la rica tradición hindú: la Realidad es, a la vez, *Ser – Conciencia de Ser – Felicidad de Ser (SACCIDANANDA)*.

Me parece una expresión tan rica que no puedo evitar proponértela en el ejercicio de hoy, a manera de mantra, o mejor, de *koan*,[14] para tu meditación:

---

[13] Contracción, en una sola palabra, de *Sat* («Ser»), *Cit* («Conciencia»), Ananda («Gozo», «Felicidad»).

[14] Un *koan* sería una palabra o frase propuesta por el maestro zen al discípulo, con la finalidad de que este pueda comprender su sentido a través de un *despertar* que trasciende la lógica del pensamiento, con la que se habrá estrellado una

Respiraciones profundas y toma de conciencia corporal...

Mientras respiras suavemente, dirige la atención, una vez más, al *lugar del corazón* (o *corazón de la derecha*), y desde ese «lugar» amplía los límites de tu *yo,* como hacías en el ejercicio anterior, hasta el infinito. Si la mente está en silencio, permanece así... pero si aún emite pensamientos, puedes darle esta Palabra que te adentrará más y más en la Realidad que trasciende toda palabra (puedes pronunciarla como en el original sánscrito o traducida, entera o por partes, como prefieras):

SACCIDANANDA... SACCIDANANDA... SACCIDANANDA...

SAT... SAT... SAT... CHIT... CHIT... CHIT... ANANDA... ANANDA... ANANDA...

Ser... Conciencia... Felicidad... Ser... Conciencia... Felicidad... Ser... Conciencia... Felicidad...

Ser... Ser... Ser... Conciencia de Ser... Conciencia de Ser... Conciencia de Ser... Felicidad de Ser... Felicidad de Ser... Felicidad de Ser...

---

y otra vez, en el intento de entender el *koan* por los medios habituales de comprensión.

24

Aceptación total de todo

El ejercicio que hoy te propongo es probablemente uno de los que, en un principio, te despertarán más resistencia, porque la mente siente un fuerte rechazo a asumir la bondad de la propuesta. En este sentido, te propongo que te lo tomes a manera de *koan* y que no le des demasiadas vueltas, de entrada, con la mente lógica y racional. Poco a poco, irás descubriendo la sabiduría subyacente.

La mente racional discrimina de forma espontánea entre lo bueno y lo malo, y es evidente que la realidad de nuestro mundo está llena de limitaciones: toda criatura, por el mero hecho de serlo, es limitada y se halla sometida a la dinámica del cambio y el dolor. Y en lo que respecta a los humanos, se suman los resultados de nuestras decisiones y opciones más o menos libres, que conllevan a menudo un añadido de dolor a la naturaleza misma, al mundo animal y a los otros seres humanos: este es nuestro «pan de cada día», y obviarlo o vivir de espaldas a él sería una grave irresponsabilidad. El ejercicio que hoy te propongo se dirige básicamente a la *actitud interior* y al nivel de *conciencia* desde el que afrontamos esta realidad dolorosa y limitada de la existencia.

La primera vez que se me planteó esta cuestión fue a raíz de una felicitación pascual que nos envió el ermitaño montserratino a unos compañeros y a mí, en que se leía: «Cristo Resucitado es ACEPTACIÓN TOTAL DE TODO».[15] Confieso que la afirmación me dejó conmovido. Dieciséis años más tarde, otro importante referente en mi vida, Tony de Mello, se expresaba en términos similares, igualmente «desconcertantes»:

No cambiéis. El deseo de cambiar es enemigo del amor.

No os cambiéis a vosotros mismos: amaos a vosotros mismos tal como sois.

No hagáis cambiar a los demás: amad a todos tal como son.

No hagáis cambiar el mundo: el mundo está en manos de Dios, y él lo sabe.

Y si lo hacéis así... todo cambiará maravillosamente a su tiempo y a su manera.[16]

---

[15] En mayúsculas en la carta original del ermitaño.
[16] Cf. Carlos G. Vallés, *Ligero de equipaje. Tony de Mello. Un profeta de nuestro tiempo*, Santander, Sal Terrae, 1987, p. 226.

Pudiera parecer que tanto la frase del ermitaño como este último consejo de Tony fueran invitaciones a la pasividad e inactividad, cuando lo cierto es que la libertad interior que producen es una fuente enorme de energía transformadora de la realidad creada.

Paradójicamente, he constatado que las personas que viven con esa actitud tienen una gran ascendencia social y provocan auténticos cambios en el mundo que las rodea, aunque no siempre de la manera, en el momento y al ritmo que los demás esperarían o desearían, porque la dinámica interna que los mueve es diferente.

¿Recuerdas lo que decíamos del «camino de la acción desinteresada» *(karma-marga)*? Pues, yo diría que está muy vinculado al ejercicio de hoy.

Este ejercicio se parece mucho, en la forma y el fondo, al del capítulo 17: «Respirar amor». Antes de practicarlo, te recomendaría, pues, que le dieses un breve repaso, porque lo haremos como una continuación de aquel:

Respiraciones profundas y toma de conciencia corporal...

Dirige la atención al *lugar del corazón* y, respirando suavemente, ve expandiendo tu conciencia desde ese lugar, como en ondas de amor cada vez más amplias, hasta que sean ilimitadas.

Ahora haz como si ese amor fuese un abrazo luminoso y cálido que incluye y penetra todo el universo, nuestro mundo, la naturaleza en su conjunto y el mundo animal, pero sobre todo abraza a la humanidad entera, con toda la limitación y el dolor que hay en ella, expresados de tantas maneras... (incluyendo, naturalmente, tu propia realidad individual y la de los que te rodean, marcadas también por la limitación —a veces tan incómoda de aceptar— y el dolor).

En ese abrazo amoroso no hay ningún tipo de juicio ni discriminación: lo incluye todo, sin excepción: ACEPTACIÓN TOTAL DE TODO...

El Amor Absoluto es incondicional, ACEPTACIÓN TOTAL DE TODO...

Como te decía antes, esta actitud interior despierta una enorme capacidad de discernimiento para distinguir, en la vida concreta, lo que es adecuado y lo que no, lo que nos perjudica y lo que nos hace crecer, y nos da una gran energía para encararlo, pero con una armonía que excluye el juicio culpabilizador de sí mismo o de otros.

25

Agradecimiento

Este ejercicio y el siguiente que te propondré van ligados estrechamente al ejercicio anterior y es preciso haber practicado aquel cierto tiempo para que estos dos siguientes nos resulten familiares y fáciles.

Recuerdo que cuando era adolescente había una sentencia de Jesús que me resultaba muy desconcertante, porque me parecía tremendamente injusta: «A todo aquel que tiene, le será dado, pero a aquel que no tiene, hasta lo que tiene le será tomado» (Lc 19,26). Con los años, fui comprendiendo que Jesús estaba en lo cierto, porque se estaba refiriendo a la dinámica de la *Vida,* del *Amor.*

Me daba cuenta de que la gente que tiene una actitud positiva y agradecida frente a todo lo que vive, que está realmente abierta a recibir y a dar, genera vida alrededor: vida que se puede expresar en bienes materiales, en energía amorosa o intelectual, o salud física, etc. En cambio, constataba también que querer acumular y retener la vida, sea en forma de bienes materiales, de personas o de cualquier otra forma de manifestación de la energía creadora, conduce a que eso a la larga se corrompa, como el agua, que si corre, se mantiene fresca y clara y, si se estanca, se pudre.

Y, en este proceso, constataba cómo la gente que genera vida comparte siempre un elemento común: son personas profundamente agradecidas, tanto cuando reciben como cuando dan, tanto cuando ganan como cuando pierden: el *agradecimiento* como actitud les es consustancial. El tiempo me ha ido enseñando que agradecer ensancha el corazón y produce una irradiación que contagia a los demás y, como te decía, genera vida. Seguro que ya lo has podido constatar, y si no, haz la prueba.

Creo que el secreto del agradecimiento radica precisamente en no distinguir en excesivo entre experiencias «buenas», que hay que agradecer, y «malas», o como mínimo «menos buenas», que no entrarían tanto en el campo de nuestro agradecimiento. El agradecimiento tendría que ser *por todo:* por lo que nos causa satisfacción, claro, pero también por lo que nos causa dolor; no tanto por ese dolor en sí mismo –¡porque no somos masoquistas!– como por el *sentido* que ese dolor tiene en nuestra vida. Sentido en el cual queremos creer a pesar de que a menudo no lo hallemos, en el presente, probablemente por falta de perspectiva. Me resulta muy iluminador, al respecto, el cuento oriental que Tony de Mello gustaba de explicar:

> Una historia china habla de un anciano labrador que tenía un viejo caballo para cultivar sus campos. Un día, el caballo escapó a las montañas. Cuando los vecinos del anciano labrador se acercaban para condolerse con él, y lamentar su desgracia, el labrador les replicó: «¿Mala suerte? ¿Buena suerte? ¿Quién sabe?». Una semana después, el caballo volvió de las montañas trayendo consigo una manada de caballos. Entonces los vecinos felicitaron al labrador por su buena suerte. Este les respondió: «¿Buena suerte? ¿Mala suerte? ¿Quién sabe?». Cuando el hijo del labrador intentó domar uno de aquellos caballos salvajes, cayó y se rompió una pierna. Todo el mundo consideró esto como una desgracia. No así el labrador, quien se limitó a decir: «¿Mala suerte? ¿Buena suerte? ¿Quién sabe?». Una semana más tarde, el ejército entró en el poblado y fueron reclutados todos los jóvenes que se encontraban en buenas condiciones. Cuando vieron al hijo del labrador con la pierna rota le dejaron tranquilo. ¿Había sido buena suerte? ¿Mala suerte? ¿Quién lo sabe?[17]

---

[17] Cf. Anthony de Mello, *Sadhana. Un camino de oración, op. cit.*, p. 155.

Pasemos, pues, al ejercicio:

Como siempre, respiraciones profundas y toma de conciencia corporal...

Dirige la atención, una vez más, al *lugar del corazón,* y desde ahí ábrete y expándete interiormente sintiéndote conectado con la Vida que late en ti, en los que te rodean, en todo el universo...

Ahora puedes empezar un proceso interior que consiste más en despertar *una actitud del corazón* que en una actividad puramente mental. (Si en algún momento constatas que la mente se distrae demasiado, vuelve a la simplicidad del Silencio): permite que una palabra resuene en tu corazón, suave, repetidamente: *gracias... gracias... gracias...* Permanece así cierto tiempo... solo eso: *gracias... gracias.*

Probablemente, empezarán a aflorar a tu conciencia motivos para estar agradecido: la salud, tus familiares, los bienes materiales que te rodean, los amigos, la naturaleza... Mil y un detalles que, si vas afinando, reconocerás como un regalo de la Vida. No dejes de agradecerlos aunque te parezcan insignificantes: *gracias* por esto... *gracias* por aquello...

Es también muy probable que empiecen a aflorar a tu conciencia aspectos de tu vida que no te resultan tan agradables, algunos de ellos quizás en verdad dolorosos: problemas de salud, tuyos o de los que te rodean, dificultades en el terreno profesional o en las relaciones humanas... Y si miras un poco más lejos, habrá mil y una situaciones llenas de dolor en el mundo en que vives...

Aunque choque con tu sensibilidad, te propongo que continúes diciendo *gracias... gracias...* Si te ayuda, puedes decir: *No lo entiendo, pero quiero creer que esto tiene sentido, y por eso gracias...*

Pasado cierto tiempo, vuelve al Silencio, pero manteniendo la actitud interior de agradecimiento, con la convicción de que *desde la perspectiva del Absoluto,* TODO ES BUENO.

26

Intercesión

A veces, la práctica de la meditación puede parecer a los ojos de aquellos que no la hacen como una actividad solipsista, que, más que abrirnos al mundo que nos rodea, nos cierra en cierta autocontemplación que nos aisla. Ciertamente, es un riesgo en el que podemos caer y en el que, si no estamos atentos, caemos. Por eso, creo que hay una «regla de oro» que no falla nunca, cuando nos preguntamos si nuestra meditación es real o estamos aún centrados en nosotros mismos: si nos sentimos[18] –o, como mínimo, queremos sentirnos– *conectados* interiormente con toda la humanidad y, de manera muy especial, con *los que sufren* por cualquiera de las formas de pobreza o necesidad, podemos tener la certeza de que nos hallamos en el camino adecuado.

---

[18] O mejor *sabemos,* porque la palabra «sentir» puede ser ambigua.

Yo diría que este es el «test» más infalible de la autenticidad de un camino interior: *el amor universal,* expresado con una atención especial hacia todo aquel y todo aquello que nuestro mundo tendería a minusvalorar o incluso menospreciar. Esta es una constante que hallamos en los maestros espirituales de todas las tradiciones.

Cuanto más entramos en el auténtico Silencio que trasciende todo lo que podamos pensar o sentir, más se despierta en nosotros ese ámbito de *comunión* (unión-con) que no excluye a nada ni a nadie de su Amor. Y eso expresado tanto de manera global como concreta, es decir: ni al amigo que tiene problemas familiares, ni a la compañera de trabajo que ha caído en depresión, ni al anciano que sufre su soledad, o a los niños de 9 años que nos muestra la televisión trabajando en unas minas de cobre, en Latinoamérica, u ofreciéndose a un comercio sexual degradante, en Asia.

Si la meditación es real, necesariamente se nos afinará la sensibilidad en esta dirección, y descubriremos que el amor que sentimos por la gente próxima no es diferente –aunque pueda expresarse de manera distinta– del que sentimos por gente más lejana, y la expresión *«hermano universal»* no será solo una bonita figura retórica.

Yo diría que el camino para crecer en este *amor universal* tiene una doble vertiente: sería a la vez un camino *hacia el interior,* es decir, hacia el descubrimiento de los «espacios infinitos del Corazón», que lo abarcan todo en su *no-dualidad;* y *hacia el exterior,* despertando una sensibilidad más y más sutil hacia las necesidades y el dolor de todo lo que vive y nos rodea –personas, animales, vegetales y materia inerte–. Las dos vertientes se complementan y dinamizan mutuamente.

Recuerdo una anécdota que ilustra bastante bien todo esto, explicada en forma de comentario amable por el ermitaño montserratino:

Había recibido recientemente la visita de un hombre bastante conocido por sus libros y sus conferencias sobre meditación y espiritualidad en general. Subía a visitarlo con cierta asiduidad y aquella vez lo había hecho acompañado de su esposa. Durante la conversación, la esposa se quejaba al marido de que no tenía la impresión de que él –reputado como maestro espiritual– la tuviese demasiado en cuenta en su meditación. Él le respondía que cuando entraba en la conciencia del Absoluto, ella ya estaba presente y eso bastaba.

Entonces, el ermitaño me comentaba, con un punto de ironía y humor: «Preferí no decir nada en aquel momento, pero interiormente pensé: *¡Si la quisieras de verdad, orarías por ella!*»...

Por eso, el ejercicio que ahora te propongo iría en la dirección de aumentar en nosotros esa sensibilidad hacia el dolor y las necesidades del mundo concreto que nos rodea. Sería así:

Respiraciones profundas y toma de conciencia corporal...

Ahora utiliza el método o medio que más te ayude —a partir del camino ya hecho— para entrar en el silencio interior y saberte en el Amor que todo lo unifica y conecta. Permanece así tanto como desees o el corazón te pida...

A continuación, haz como si tu propio interior tuviese sabiduría propia y te quisiera evocar a diferentes personas —individuales o en grupo— en el orden y manera que desee. Y tú te limitas a poner atención y centrarte el rato que sientas conveniente en cada persona. Para concentrar la atención, puedes utilizar alguno —o los tres conjuntamente— de estos métodos que te propongo:

1) Imagina que tus manos están cargadas de fuerza espiritual, curativa, y que las impones sobre la cabeza de cada persona a quien estás evocando, a la vez que le transmites a través de ellas toda la fuerza del Amor en que estás inmerso... Quizás sentirás, en tu imaginación, el impulso espontáneo de abrazarlas, a todas o a alguna de ellas, compartiendo tu amor directamente, de corazón a corazón... Haz lo que tu sabiduría interior te vaya inspirando...

Quizás «sentirás» que el tiempo que debes dedicar a cada persona o grupo no es el mismo siempre: muévete más por la intuición misteriosa del *corazón* que por la lógica de la *cabeza*.

2) Si visualizar te resulta fácil, puedes también imaginar que la persona a la que estás evocando está plena de *luz brillante,* que la cura y llena de energía en todos los niveles de su ser, empezando por el físico y pasando por el mental y emocional para acabar conectándola con su propia conciencia espiritual...

3) Y también puedes, si notas que te ayuda más que te distrae, ir pronunciando palabras de bendición sobre cada persona o grupo que evocas ante ti, tal como harías si estuvieran físicamente presentes y estuvieras bendiciéndolos con la fuerza de tu palabra...

No en balde pueblos de todas las culturas han utilizado y utilizan la imposición de manos y la fuerza de la palabra para transmitir a la persona bendita toda la fuerza y la riqueza interior que el que bendice le desea. Y seguro que esta bendición es algo más que la simple expresión de buenos deseos...

Es fácil que en algún momento de este proceso te des cuenta de que la atención se ha ido por los caminos de la distracción. Quizás será preciso, pues, dejar de cuando en cuando este ejercicio de evocación concreta de personas o grupos e intentar permanecer de nuevo en Silencio, para retomar más tarde, si lo deseas, el ejercicio.

27

Perdón

Dudaba de si incluir o no este tema en el capítulo anterior, pero su importancia me ha decidido a dedicarle un capítulo aparte.

Varias veces he oído, de boca de un buen amigo: «*La calidad de nuestro **amor** se mide por la profundidad de nuestro **perdón**»*.

Pocas cosas resultan tan difíciles a nuestro pequeño corazón, muy propenso a sentirse herido, como perdonar. Y pocas cosas también le ayudarán a crecer tan rápidamente en el camino de la libertad y del amor como la capacidad de perdonar.

Cuando perdonamos al que ha sido ocasión o motivo de nuestro dolor[19] no solo le hacemos un re-

---

[19] Iba a escribir «*a quien nos ha causado dolor*», pero me ha parecido una expresión errónea, ya que la responsabilidad de nuestros sentimientos es de todo punto nuestra. ¿No es cierto

galo a él, sino que, *sobre todo,* nos lo hacemos a nosotros mismos, porque liberarnos del resentimiento nos da una ligereza interior inestimable.

Por eso, el ejercicio anterior es un buen modo de facilitar y fomentar en nosotros la capacidad de perdonar, al mismo tiempo que nos permite hacerlo de la única manera que –diría yo– nos es realmente posible sin que queden secuelas emocionales que aún nos liguen al resentimiento, ya que el perdón proviene de la conciencia de un Amor que trasciende la afectividad y los sentimientos en general, un Amor en verdad liberador y curativo.

Muy probablemente, al empezar a hacer el ejercicio de intercesión, aflorarán a nuestra conciencia personas con quienes tenemos vínculos emocionales positivos, como familiares y amigos, y a continuación, personas o grupos que nos despiertan aprecio por su situación de dificultad en algún sentido.

Quizás en este proceso empiecen también a aparecer personas hacia las que guardamos algún tipo de resentimiento, por la causa que sea: es el momento, pues, de trabajar el perdón, incluyéndolas en

---

que ante un mismo hecho o una situación una persona puede reaccionar con gran trastorno y la de al lado con mucha más paz? La respuesta dependerá, pues, de la predisposición o sensibilidad que hayamos alimentado en un sentido o en otro, por más que *subjetivamente* la respuesta nos pueda parecer perfectamente lógica y normal.

nuestro ejercicio junto con las anteriores. Y si no aparecen espontáneamente, quizás convendría pararnos un momento a considerar si hay alguna persona o grupo de ellas que aún puedan despertarnos algún sentimiento negativo, y de ser así, incluirlas en nuestra meditación. Permanezcamos con la atención puesta en ellas tanto como sea preciso hasta que sintamos que nuestro corazón se libera del resentimiento y que realmente amamos con el Corazón del Absoluto, es decir, con *«aceptación total de todo»*.

28

Alabanza

Este ejercicio está dedicado básicamente a aquellos que no tienen dificultad en dirigirse al Absoluto en forma de relación interpersonal, es decir, como un Tú con quien dialogar. Estaría, por tanto, en una línea más bien devocional o *bhakti*. En el capítulo 21, ya explicábamos cómo esta vía partía de la conciencia de separación con el Absoluto para acabar «fundiéndose» o «perdiéndose» en Él a través del amor, el agradecimiento, la adoración o la alabanza.

Se trata de una forma de oración que, si se hace de corazón y no solo con los labios o la mente, conduce muy rápidamente al Silencio despierto, porque nos descentra de inmediato de nuestro pequeño «yo» con sus problemas e inquietudes, cualidades y defectos, y nos hace participar, como por identificación, en el gozo y la plenitud de Aquel a quien estamos adorando y alabando. Sería, pues, especialmente recomendable cuando nos sentimos demasiado «atrapados» en nuestro pequeño mundo de pensamientos y emociones –tanto si son agradables como desagradables o «negativos»– y nos cuesta salir de ellos entrando directamente en el silencio.

Comienza el ejercicio, como siempre, con respiraciones profundas y toma de conciencia corporal...

A continuación, evoca en tu interior la presencia del Absoluto y empieza a dirigirte a Él con una actitud íntima de *adoración,* es decir, de reconocimiento de su grandeza e infinitud.

Acompaña esa actitud de adoración con pensamientos o incluso palabras que expresen amor, alabanza y reconocimiento de aquella grandeza e infinitud. Hazlo sin censura interna, con una actitud como de niño, que no calcula lo que dice ni debe quedar bien ante nadie, sino que necesita expresar de alguna manera su amor y lo hace espontáneamente, tal como le surge del corazón, repitiendo tanto como lo siente alguna palabra o frase, con toda simplicidad:

«Alabanza, alabanza, alabanza... gloria, gloria, gloria... adoración, adoración, adoración... a ti, Padre, Padre, Padre... Madre, Madre, Madre... te adoro, te adoro, te adoro... te amo, te alabo, soy tú... gloria, gloria a ti... eres infinito, eres grande, te adoro y me pierdo en ti...», etc.

Pero no siempre tendrás esa actitud amorosa activada ya de entrada, sino que quizás te hallarás más bien distraído o «atrapado», como decíamos, por otros sentimientos o pensamientos que te distraen. Si es ese el caso, empieza igualmente a pronunciar frases de alabanza y adoración, aunque solo sea con la boca o el pensamiento. Tal como ocurre con el mantra, percibirás que pronto el corazón se va implicando en lo que dices y entrando en una vivencia diferente de la anterior, más llena de paz y expansión amorosa.

Y, como en todos los ejercicios anteriores, la actividad interior ha de ir desembocando en un Silencio que lo trasciende e incluye todo. Si vas entrando en ese Silencio, abandona ya toda palabra, expresión o concepto y *piérdete* en Él...

Reflexiones
que pueden ayudar

29

Las mediaciones

Este capítulo y los que siguen ya no son ejercicios de meditación propiamente dicha, sino anotaciones que creo que pueden ser útiles a aquel que quiera introducirse en serio en este camino.

Todos constatamos habitualmente cómo la compañía de una persona afable y pacífica nos hace compartir su paz y bienestar y, en cambio, la compañía de una persona tensa o negativa nos comunica la misma tensión o negatividad y nos obliga a hacer un esfuerzo interno para no interiorizar esa energía. Sabemos bien que la comunicación entre personas comprende también dimensiones sutiles, pero de efectos bien reales y constatables: es como si hubiese cierta ósmosis de *energías*. Todos los que hemos tenido la suerte de poder estar en presencia de personas profundamente despiertas a la conciencia espiritual sabemos que esa simple presencia crea una atmósfera de paz y gozo difícilmente descriptibles, que abre los corazones e ilumina las conciencias. De ahí que todas las tradiciones religiosas señalen la importancia de acercarse a la presencia y guía de personas interiormente despiertas y se refieran a ello como un regalo y una ayuda inestimables.

En esta línea, se habla de la relación *maestro-discípulo* como de un elemento importantísimo en el camino del crecimiento interior, una relación basada no solo en la transmisión oral de una sabiduría, sino –y sobre todo– en una comunión de corazones que establece un flujo permanente de vida, apoyo y amor. A través de este, el discípulo va liberándose de manera progresiva de la probable dependencia psicológica respecto al maestro –tanto afectiva como intelectual– y conectando con el Yo profundo del maestro que le despierta a su propio Yo profundo, que desea expresarse de forma única e irrepetible a través de su cuerpo y psicología propios: del individuo único en todo el universo que, en definitiva, el discípulo es. El maestro, llegado este punto, estará contento de poder dejar marchar al discípulo de su lado, porque sabe que la presencia física ya no le es necesaria, dado que está en contacto con el único Maestro interior en el cual uno y otro se reencuentran permanentemente.[20]

---

[20] Aquí radica un signo inequívoco de la autenticidad del maestro: la libertad interior respecto al discípulo, ya que no

Todos sabemos que no es nada fácil, en un mundo abocado a la conciencia superficial, encontrar a este tipo de personas que puedan acompañarnos en nuestro camino. Aun así, el dicho oriental reza que «Cuando el discípulo está a punto, aparece el maestro». De hecho, cuando leemos las palabras de las personas espiritualmente despiertas, un rasgo común a todas ellas es también el comentario de que cuesta tanto encontrar un auténtico maestro como un discípulo realmente comprometido con el camino que emprende.

Aunque dar con una persona en verdad despierta que nos pueda hacer de acompañante y guía es un regalo inestimable, lo más usual es que el Maestro interior se nos manifieste de maneras diversas, y es importante que estemos atentos a esas manifestaciones. A veces, se trata de un buen *libro* que nos pone en contacto con la sabiduría y «vibración» personal de su autor, con el sentimiento interior de que nos llega en el momento preciso para decirnos lo que necesitábamos escuchar. Otras veces, será a través de *amigos* que nos aprecian realmente y que, aunque ca-

---

tiene ningún interés en retenerlo, sino en ayudarlo a crecer. No hay posesión más peligrosa –por sutil y por ir disfrazada de ayuda– ni que ligue más que la de las conciencias. Esto marcará la diferencia entre la relación sectaria –enormemente destructiva– entre el discípulo y el falso maestro, y la genuina y liberadora relación maestro-discípulo, que no destruye, sino que potencia el camino único de crecimiento de cada discípulo, fruto de un discernimiento permanente.

minando a la par que nosotros, sentimos que tienen momentos de auténtica inspiración y nos transmiten el mensaje adecuado de la Vida que necesitamos en esos momentos. Otras veces puede ser un *grupo* de meditación, o de crecimiento personal, o simplemente de personas a través de las cuales sentimos que la Vida se nos está manifestando y nos va guiando.

Esto en lo que respecta a personas que viven en este mundo, entre nosotros, y con las cuales podemos establecer una comunicación interior, tanto si están físicamente presentes como si no. Pero creo que no debemos desestimar la inmensa ayuda que nos pueden ofrecer todas aquellas personas que ya pasaron por este mundo y llegaron a grados de realización interior notables, por lo que han sido considerados santos o maestros, y algunos incluso han sido escogidos por la Vida para fundar grandes tradiciones religiosas. Creo que el hecho de que no se hallen ya físicamente entre nosotros no quita la posibilidad de que puedan ayudarnos poderosamente desde niveles sutiles en que también nosotros nos hallamos más allá del plano meramente físico.

Así como, aún reconociendo la grandeza interior de ciertas personas, nos sentimos impulsados a cultivar más la cercanía o la relación con unas que con otras, es normal que, como fruto de la propia tradición o cultura, nos sintamos más próximos y afines a determinados maestros que a otros. Aquí será de nuevo el Maestro interior el guía que nos irá mostrando cómo y a través de quién se nos quiere manifestar y acompañar. El peligro que corremos es querer hacer bandera de ello e imponer lo que para nosotros es más válido como si necesariamente lo hubiera de ser para todos. Las guerras por causas religiosas, ¿no son la manifestación más patética de una visión miope en este punto, sin dudar de la buena fe inicial de unos u otros?

En este sentido, la actitud que me parecería más correcta es la de *apertura* y *humildad,* de tal manera que sin negar nuestras raíces y sin esconder las mediaciones que la Vida nos ha dado y que aprovechamos, nos mostremos lo bastante receptivos para acoger los regalos que la Vida puede estar ofreciendo a la humanidad –y más concretamente a nosotros mismos– a través de otras personas que han llegado a ser también «canales» de luz y de energía espiritual.

«Cuando el sabio señala a la luna, el necio se queda mirando el dedo», reza un proverbio chino. El Absoluto siempre está más allá de todas sus mediaciones y puede mostrársenos a través de miles de rostros y formas. Estemos atentos a no confundir el dedo con la luna, por más que nos la muestre, nos dirija hacia ella y nos refleje su luz. De hecho, es mensaje común de todos los maestros la advertencia de no quedarnos demasiado atados a su figura humana individual y animan a sus discípulos a conectar con el Yo profundo que mueve a unos y otros, naturalmente con un grado diferente de conciencia despierta, y crear entre los cora-

zones un flujo de vida a modo de vasos comunicantes en los que aquel que más tiene da al que tiene menos.

Si cada uno de nosotros somos únicos en el universo y tenemos algo distinto que aportar a la humanidad, por modesto que sea, pienso también que cada maestro, cada santo, cada libro inspirado tiene algo único que aportar y que la receptividad humilde siempre nos será más provechosa que la autosuficiencia excluyente, para poder beneficiarnos del don propio de un maestro o una tradición religiosa. El intercambio desde esta actitud siempre comporta un enriquecimiento mutuo.

En este sentido, no puedo olvidar las tardes tan agradables compartidas con una anciana hindú, hace ya unos cuantos años, en un *ashram* de Rishikesh, junto al Ganges, en las que –sabiendo que yo era de tradición cristiana– ella me pedía con gran interés que le explicase pasajes de las cartas de San Pablo que no acababa de entender. Me sorprendió constatar que conocía mucho más a San Pablo que la mayoría de los cristianos. También me explicaba con gran erudición y sabiduría diferentes pasajes de la *Bhagavad Gita,* ayudándome a ser aún más consciente de la riqueza de ese texto y de la de la tradición en la cual nacía. Aquellos sencillos encuentros en los que respirábamos la armonía de la *Presencia* han permanecido en mí como el ejemplo vívido de lo que puede ser el diálogo ecuménico.

30

Los rituales

En la cuestión de las mediaciones, el tema de las formas o de los rituales no es menos importante que el de las personas.

Estrictamente hablando, es evidente que para despertar a nuestra Realidad más básica solo necesitamos abrir la mirada interior con la misma rapidez y espontaneidad –o incluso más– con que abrimos o cerramos el párpado del ojo: el «párpado» interior –el velo de la ignorancia de que hablan los hindúes– no tarda en abrirse más que un relámpago:

«*De este Brahman se dice*: Es como el relámpago que estalla sobre nosotros. "¡Ah!", es como un parpadeo, "¡ah!"» *(Kena Upanishad IV,4).*

Atrapados como estamos a menudo por la actividad exterior, que tiende a polarizar y dividir nuestra conciencia interna, apartándola de la conciencia de nuestro propio *Trasfondo* y del de cuanto nos rodea, no siempre nos es fácil «reconectar» con la conciencia interior con la misma rapidez con que abrimos y cerramos los ojos. Y aquí es cuando nos damos cuenta de la utilidad de determinadas formas que nos ayudan en ello. De hecho, todos los ejercicios planteados en este libro estarían en esa línea.

Es cierto que somos Espíritu, pero es también cierto que ese Espíritu se encarna en cada uno de nosotros asumiendo una mente y un cuerpo que se expresa a través de un determinado lenguaje, una determinada cultura, que nos permiten crearnos una identidad individual y colectiva, y darnos un medio de expresión y relación. Sin este *lenguaje* hecho de palabras, gestos físicos, signos, formalidades más o menos convencionales, rituales, etc., difícilmente podríamos tener conciencia de nuestra identidad individual y darle una dimensión social.

Pero en la cuestión que nos ocupa, la de la meditación, la importancia de las formas y los rituales podemos entenderla de nuevo desde el ejemplo del *dedo y la luna:* el dedo que señala la luna no es la luna, pero a menudo sin el dedo nos costaría saber hacia dónde mirar para contemplarla. Sin ser *imprescindible,* el «dedo» nos resulta normalmente muy *útil.*

Dos personas que se aman y están seguras de su amor no *necesitan* decírselo ni reafirmarlo a base de detalles ni regalos que lo signifiquen. Pero, paradójicamente, seguro que lo harán con toda espontaneidad y es probable que con mucha más asiduidad que aquellos que creen necesitarlo porque tienen problemas en la relación. La diferencia radica en la *libertad* con que los primeros lo hacen.

Todas las tradiciones religiosas han desarrollado sus rituales para ayudar a los fieles a abrirse y despertar a la Trascendencia. Rituales que se inscriben en la propia cultura para poder ser significativos y comprensibles. El problema acontece cuando tomamos por absolutos los rituales y no permitimos cambios en ellos aunque dejen de ser significativos con el paso del tiempo, debido a la evolución natural de la cultura en que se inscriben. O cuando pierden su simplicidad y se complican innecesariamente, y dificultan, en vez de ayudar, alcanzar el objetivo final de aquellos que los siguen.

Cuando una persona medita sola, necesita muy pocas convenciones: escoger unos momentos y lugares adecuados y utilizar algunos medios que la ayuden: quizás encender una vela, quemar algo de incienso o situarse ante una imagen inspiradora, ponerse alguna música o recitar un mantra o una oración, o hacer algún gesto o movimiento físico que le resulte sugerente. O quizás nada de todo eso: simplemente cerrar los ojos y permanecer en silencio. Cada uno decide lo que le va mejor.

Pero cuando son dos o más las personas que se juntan para meditar, han de ponerse de acuerdo respecto al momento, el lugar y los medios que emplearán. Algunos grupos serán más austeros: simplemente usarán algún signo que indique el inicio y el final de la meditación. Otros jugarán más con los gestos, la música, el canto, la danza, las plegarias y otros elementos significativos, como el agua, la luz, la tierra, el fuego o determinados alimentos. Existe una infinita variedad de combinaciones y maneras.

Creo que el criterio habría de ser evitar que «las ramas nos hagan perder de vista el bosque», es decir, que los *medios* lo sean realmente y no se transformen poco a poco en *fines* en sí mismos. Y ser suficientemente libres para descartarlos o cambiarlos cuando sea preciso.

Que no pase como con el gato de la historia:

Cuentan que cuando un maestro determinado se ponía a meditar con sus discípulos, aparecía un gato que los distraía, de tal manera que el maestro hizo que atasen al animal a su lado para que no corriese por la sala durante las meditaciones.

Murió el maestro y los discípulos continuaron atando al gato mientras meditaban.

Murió el gato y lo cambiaron por otro, porque su presencia se había vuelto imprescindible.

Pasó el tiempo y los discípulos escribieron importantes tratados sobre la importancia de la presencia de un gato durante las meditaciones...[21]

---

[21] Cf. Anthony de Mello, *El canto del pájaro,* Santander, Sal Terrae, 1982, p. 88.

31

Las experiencias

Ya has visto cómo, una y otra vez, he insistido en que la vivencia del Absoluto estaría más en la línea de un *despertar* y una *toma de conciencia* de Aquello que *ya es y que no puede dejar de ser,* o dicho de otro modo, de Aquello que *somos y que no podemos dejar de ser,* que en la línea de una experiencia que tiene un principio y un final.

Pero sucede que, dado que el proceso meditativo es un camino progresivo en el que vamos profundizando en nuestra conciencia de la Realidad, nos damos cuenta de que ello tiene ciertas *repercusiones* en los diferentes planos de nuestra experiencia, de tal manera que podemos experimentar un gran bienestar físico, fruto de una profunda paz interior, o muchas otras sensaciones físicas, a raíz de la energía que despertamos y movilizamos a través de la apertura interior y la concentración: sensaciones como un calor agradable o cierta presión en algún punto de nuestro cuerpo, o percepción de la energía propia en forma de luz. O también puede suceder que el hecho de abrir determinados centros de energía o *chacras,* voluntariamente o no, despierte o estimule en nosotros ciertas facultades que tal vez nos resulten agradables o incluso sorprendentes, tales como una más profunda intuición o percepción de lo que piensan o sienten las personas cercanas, o la capacidad de «ver» o percibir su cuerpo energético. O diferentes variantes de todo lo anterior.

También puede pasar que empiecen a brotar espontáneamente de nuestros ojos lágrimas serenas, expresión de la paz, el amor o la plenitud de gozo que en ese momento estemos experimentando.

O lágrimas que expresen nuestro compartir íntimo del dolor que percibimos en la humanidad de la que formamos parte. Dolor que la meditación nos hace vivir –gracias a la comunión interior que despierta– como propio.[22]

---

[22] Las lágrimas son una manifestación normalmente bien valorada por los maestros espirituales, en cuanto expresión de una apertura interior sincera a la Trascendencia. Aunque podrían ser también fruto de una psique demasiado dada a la culpabilidad, la autocompasión o la queja, cuando van acompañadas de serenidad y paz interior son signos de un camino real de apertura y profundidad. Yo diría que si bien no hay que buscarlas, tampoco hay que frenarlas si brotan. *«Las lágrimas limpian el corazón»,* decían los antiguos maestros cristianos. O también, recientemente, me ha impresionado una frase de una

Las posibles «experiencias» que pueden derivarse del proceso meditativo son, pues, múltiples y variadas. Pero lo más «peligroso» es que a menudo son *atractivas,* por agradables, y que si no estamos lo suficientemente alertas, pueden resultarnos una fuente de adicción que acabe siendo más obstáculo que ayuda en nuestro camino. Y peor es aún si empezamos a hablar de ello con los demás, no tanto para crearnos un criterio adecuado —y en este sentido solo sería recomendable hablar de ello con quien pudiera realmente ayudarnos—, como para hacer ostentación.

A menudo sucede, sobre todo en los primeros tiempos del proceso meditativo, que si en algún momento hemos experimentado alguno de los síntomas de que hablábamos, cuando volvemos a meditar tendemos más a *repetir la experiencia* que a vivir el presente como algo nuevo e inédito por completo, con total simplicidad y disponibilidad. Afortunadamente, ya se encarga la misma vida de hacernos caer en la cuenta —a base de lo que llamamos *arideces* o *sequedades* interiores— de que estamos en el camino equivocado. Entonces, o bien abandonamos la meditación «porque ya no sentimos lo que sentíamos», o bien la redescubrimos sin cesar como un camino siempre nuevo, que al mismo tiempo que nos despoja de toda dependencia de lo que es fenoménico o experimen-

---

santa hindú actual, Amrita Amma, dirigida a una discípula de aspecto fuerte y contenido: *«Intenta llorar por el Amor»*.

table, nos introduce en una *docta ignorancia* (como diría el místico medieval San Buenaventura) que nos atrae más y más hacia su horizonte ilimitado.

Por eso me parece acertada la expresión *«neti neti»* –*«no es eso, no es eso»*– de los maestros hindúes, para conducir una y otra vez al discípulo más allá de todo tipo de experiencia que pueda tener un comienzo y un final, por agradable o útil que pueda resultar.[23] Si uno lo tiene claro, le será de inestimable ayuda cuando el mismo proceso interior le vaya introduciendo en la *Noche* (la conocida *«Noche»* –la de los sentidos y la del espíritu– de que tan extensa y magistralmente nos habla San Juan de la Cruz).

Yo diría que este es un punto que ayuda a discriminar a los verdaderos maestros espirituales de los que

---

[23] Ramana Maharshi utilizaba esto como criterio de discernimiento cuando los discípulos le consultaban sobre las experiencias que vivían: «Si aquello de que me hablas –decía– tiene un principio y un final, aún no es la conciencia del Absoluto, que es ilimitado e infinito». Y ponía el símil de la pantalla de cine sobre la que se proyectan las imágenes de la película: las imágenes cambiantes, que llegan y se van, serían las experiencias del yo individual o ego mientras que la pantalla blanca sería el Yo o Trasfondo sobre el cual se proyectan esas experiencias cambiantes, creándonos la ilusión de que la película es la realidad, cuando, de hecho, solo lo es la pantalla. O por decirlo con mayor propiedad, las imágenes solo son reales en tanto que tienen la pantalla real que las sustenta y permite que puedan plasmarse en ella.

no lo son, ya que los primeros difícilmente se dejarán seducir por ningún tipo de manifestación o

fenómeno que puedan manifestar los discípulos, sino que, a la vez que saben dar razón de ellos para situarlos en su justo lugar y ayudar al discípulo a entender lo que le sucede, siempre invitan a este a no depender e ir más allá de todo ello.

32

La «Noche»

Este tema me parece lo suficientemente importante como para que nos detengamos un poco.

Cuando iniciamos el camino de la interioridad, la novedad de las vivencias, la paz y el gozo que descubrimos en ellas, y todo lo atractivo que se presenta ante nosotros, nos resulta un poderoso estímulo para continuar el proceso iniciado. Pero –como sucede, por otra parte, en todo proceso de aprendizaje– cuando la novedad ha desaparecido necesitamos un convencimiento más profundo para no desfallecer en el camino. La concentración disminuye y la atención se vuelve más dispersa y difícil de controlar. Las «experiencias» –a cualquier nivel– ya no se nos antojan tan atractivas y estimulantes, sea porque nos resultan habituales, sea porque nos parecen incontrolables.

En definitiva, cuando el *ego,* desde su sensibilidad, intelecto o voluntad, empieza a percibir cambios que no van en la dirección de complacerle, sino más bien de usurparle el *mando* de la persona, inicia un proceso de fuertes resistencias, de formas más o menos sutiles, a fin de que el camino iniciado no *trastorne* en excesivo la situación anterior.

Si, a pesar de todo, no acabamos de ceder al desánimo o a la inercia hasta el punto de que el *Trasfondo* o *Yo Profundo* desaparezca totalmente de nuestra conciencia, viviremos la tensión entre aquella parte de nosotros que sabe que la libertad solo se halla en la conciencia plena de la Realidad y la parte que es fruto de la inercia de un camino de muchos años, hecho de superficialidad y pequeños objetivos gratificantes.

Y cuanto más nos adentramos en el Silencio, más despojados nos encontramos de sensaciones, emociones o certezas intelectuales en que podamos apoyarnos para continuar adelante: solo *el amable y suave eco del Silencio* en el fondo del corazón será nuestro estímulo permanente para no desfallecer en el camino emprendido.

En la medida, pues, que nuestra motivación para seguir adelante se fundamentaba, consciente o inconscientemente, en experiencias gratificantes o resultados fácilmente constatables, necesitaremos una *purificación interior* que nos conduzca a buscar el *tesoro escondido* allí donde en verdad se encuentra: *más allá, siempre más allá* de todo lo que podemos sentir o pensar.

Y si esta purificación ya resulta a menudo bastante árida y penosa, aún lo es mucho más otra que tiene lugar en niveles más profundos del individuo.

Incluso cuando hemos aceptado ya que *Aquello* que buscamos escapa a nuestra capacidad de pensar o sentir, y hemos asumido la *aridez* que ello comporta, continuamos espontáneamente aferrados a *la imagen* interna que nos hemos ido creando, a lo largo de los años, de la Divinidad o del Absoluto, fruto de la cultura que nos ha alimentado, de la religión que nos ha servido de marco para introducirnos en esas realidades, de la propia búsqueda personal, etc. Entonces, nada puede resultarnos más doloroso o purificador que constatar que *también* ese último *agarradero* se nos desploma: la imagen que nos hemos ido construyendo sobre Dios nos «falla»; el Dios a quien quizás hemos orado e invocado hasta entonces parece haberse vuelto sordo a nuestras peticiones; hablábamos y creíamos en el Absoluto como *Silencio,* pero vivenciarlo como tal nos produce vértigo, porque supone un *salto* interior de conciencia que para el ego que había mandado hasta entonces resulta una auténtica *muerte,* una auténtica *disolución* que le aparece como aniquiladora, por más que sea en realidad liberadora.

Recuerdo a Tony de Mello diciéndonos con un deje de picardía, en una charla de grupo, después de referirse a ese «desmonte» progresivo de todos los «agarraderos»: «*¿Te has quedado sin nada? ¡Pues* **ahora ya puedes volar!**».

Tengo la impresión —quizás infundada— de que nuestra cultura occidental, que tiende a partir del *ser individual* también cuando habla de espiritualidad, ha insistido más en la *noche* que la cultura oriental, que parte del *Todo* que se expresa en las criaturas individuales y asume, por tanto, la *noche* como algo necesario y conveniente para que el individuo pueda desprenderse del velo de la ignorancia y descubrir su propia y real identidad. Mi impresión es que, al asumirla *ya de entrada,* cuando el buscador espiritual se encuentra con ella, no le otorga tanto peso psicológico y, por tanto, la sufre menos. Por eso, en los momentos de oscuridad interior, o simplemente en los momentos de meditación, pienso que es bueno decirse interiormente: «*!Ama la noche!*», evitando así confrontarnos con la aridez interior —cosa que tiende a bloquearnos en el camino—, y ayudándonos a trascender ya de entrada nuestros estados de ánimo, sentimientos o percepciones, sean del color que sean.

> De noche iremos, de noche,
> que para encontrar la fuente
> solo la sed nos alumbra...
> solo la sed nos alumbra...

cantan los hermanos de la comunidad ecuménica de Taizé, inspirándose en el bello poema *La Fonte,* de San Juan de la Cruz.

Nadie como él ha hablado de este tema con tanta belleza. Permitidme un breve apunte de su poema *Noche oscura:*

> ¡Oh noche que guiaste!
> ¡Oh noche amable más que la alborada!
> ¡Oh noche que juntaste
> Amado con amada,
> amada en el Amado transformada!
>
> Quedéme y olvidéme,
> el rostro recliné sobre el Amado;
> cesó todo y dejéme,
> dejando mi cuidado
> entre las azucenas olvidado.
>
> («Noche oscura», estrofas 5 y 8)

Un autor inglés anónimo del siglo XIV escribió también magistralmente sobre este tema, refiriéndose al *amor* como el camino para adentrarnos en la *Nube del No-Saber,* que es también el título de su libro:

> «¿Cómo voy a pensar en Dios mismo y qué es?». Y nada puedo responderte, salvo que no lo sé, pues con esta pregunta me abocas a la oscuridad misma, a la misma nube del no saber en la que quiero que te halles. Puesto que, si bien es cierto que por medio de la gracia de Dios podemos llegar a saber todo lo refe-

rente a otras materias y pensar en ellas –sí, incluso las obras de Dios–, nadie puede pensar a Dios mismo. Por tanto, dejaré a un lado todo lo que puedo pensar y elegiré lo que no puedo pensar como objeto de mi amor. ¿Por qué? Porque Dios puede sin duda ser amado, pero no puede ser pensado. Por medio del amor podemos captarlo y retenerlo, pero jamás por medio de las ideas. [...] Atraviesa la espesa nube del no saber con el dardo afilado del amor anhelante y no pienses en abandonar bajo circunstancia alguna.[24]

---

[24] Anónimo inglés del siglo XIV, *La nube del no saber*, Barcelona, Herder, 1999, pp. 42-43.

33

La guarda del pensamiento

Si recuerdas el capítulo 13, cuando hablábamos de los mantras, ya hacíamos alusión a la importancia de lo que se ha llamado tradicionalmente «la guarda del pensamiento», y a la utilidad de la palabra o frase repetitiva para ayudarnos en ese proceso. La cuestión me parece de tal importancia que querría entretenerme un poco más en ella.

Cuanto más tiempo pasa, más constato que el pensamiento es una expresión fiel de nuestro mundo emocional, y refleja, por tanto, nuestros sentimientos reales frente a las cosas, las personas y los acontecimientos. ¿Queremos saber qué deseamos *realmente* o a qué tenemos de verdad el corazón enganchado? ¿O de qué tenemos realmente miedo? Tomemos conciencia de lo que ocupa de manera prioritaria nuestra mente y tendremos una pista segura para hallar las respuestas.

¿Queremos saber si nuestra actitud frente a la vida está marcada por la confianza, la esperanza y la positividad, o más bien por el miedo, la desesperanza y los sentimientos negativos respecto a nosotros mismos y los demás? Observemos qué pensamientos tenemos: son el reflejo fiel de nuestras actitudes y nuestros valores.

A causa de ciertas predisposiciones, de la educación, de las experiencias que hemos ido viviendo y las opciones que hemos ido tomando, hemos ido construyéndonos lo que en psicología llamamos nuestro *mapa de la realidad,* nuestra manera personal de percibir la realidad que somos y que nos rodea. Mapa que encontramos reflejado en las *creencias* que hemos ido elaborando sobre nosotros mismos, los otros, la sociedad, el mundo, la vida en general, etc., y que configuran también nuestro propio *orden de valores*. Todo ello marcará nuestro estilo de vida y nuestras prioridades, a la vez que igualmente las zonas de nuestra existencia que nos plantean más dificultad porque no hemos despertado aún en nosotros la flexibilidad o los recursos interiores necesarios para afrontarlas. Pero el *mapa* no es el *territorio*. La Realidad siempre es más rica que el mapa interno que tenemos de ella, y posee infinitas potencialidades que quizás a raíz de una mentalidad demasiado restrictiva y rígida no llegaremos nunca a conocer. Me parece maravilloso el hecho de que, según dicen muchos, esa Realidad Infinita se haga *humilde* y *pobre* hasta el punto de respetar siempre los mensajes que le proyectamos y permitir que decidamos nosotros qué tipo de creación queremos actualizar o traer al nivel de realidad creada, tanto individual como colectivamente.

Marcados por la cultura que nos rodea, centrada en el individuo *separado* de su entorno, fuimos educados a partir de la creencia que postulaba –con Ortega y Gasset– que *«el hombre es el yo y su circunstancia»*. Esto lo convertía, en muchos aspectos, en sujeto pasivo de su propia existencia, en que los niveles reales de decisión quedaban muy reducidos.

Con el paso del tiempo, nuestra cultura occidental ha ido impregnándose de una perspectiva más *holística* o global, tal como Oriente ya lo hacía desde antiguo, en la que todo estaría misteriosamente interconectado y los planos más materiales estarían vinculados a otros más sutiles en estrecha interacción. Las emociones y los pensamientos formarían parte de ese mundo sutil interrelacionado con el mundo material. En el terreno de la medicina psicosomática, por ejemplo, es ya universalmente aceptada la interacción cuerpo-mente-mundo emocional. Pero esta interacción se quedaría a nivel del individuo. En cambio, no siempre se acepta con la misma facilidad la interacción del ser individual con su entorno, no solo a través de su actividad directa sobre la materia, sino de los planos más sutiles de las emociones y los pensamientos.

Con todo, a medida que la perspectiva *holística* va ganando terreno, oímos hablar ya con menos reserva de *«pensamiento creativo»* y expresiones similares. Ahora podríamos decir, en contraste con la frase de Ortega, que «el hombre es el yo que *crea o atrae* la propia circunstancia».

Dicho lo cual, y a sabiendas de que es perfectamente opinable, puestos a definirnos, sí me parecería importante una doble actitud:

En primer lugar, la de tomar la *responsabilidad* de nuestra historia personal, no tanto para culpabilizarnos por ella, sino para recuperar las riendas de lo que es nuestra vida en este mundo y de lo que queremos hacer con ella.

Y en segundo lugar, si aceptamos cierta interacción entre nuestros sentimientos y pensamientos y el mundo «exterior», desde la responsabilidad que apuntábamos, la actitud de tomar conciencia de qué tipo de *mensajes* hemos ido enviando al mundo que nos rodea y que de una manera u otra se nos han ido *confirmando,* y decidir, a partir de aquí, si es eso lo que queremos vivir o si queremos enriquecer aún nuestra existencia con nuevas aportaciones y vivencias.

Y aquí entroncamos de nuevo con la cuestión inicial de la *«guarda del pensamiento»,* porque, por una parte –como decíamos–, el pensamiento nos informará de lo que realmente sentimos y atrae a nuestro corazón y, por tanto, nos dará claves de comprensión e interpretación de nuestra vida exterior; y por la otra, supondrá un medio poderoso para que vayamos cambiando —ampliando y enriqueciendo— nuestro *mapa interno* de la realidad, y de paso, nuestra realidad exterior en la medida en que esta vaya *acomodándose* a los nuevos *mensajes* que le enviamos.

«Dime qué piensas y te diré cómo eres», he leído en algún lugar. Y lo creo acertado.

Así pues, al mismo tiempo que nuestro pensamiento nos es un informador fiel de lo que vive nuestro corazón, es también un instrumento utilísimo para cambiar o enriquecer esas vivencias. Basta un sencillo ejercicio: si empiezo a repetirme *«Estoy deprimido y nervioso»*, no tardaré demasiado en sentirme realmente deprimido y nervioso. En cambio, si me digo varias veces *«Me siento en paz y abierto a la vida»*, aunque inicialmente no lo perciba como del todo cierto, acabaré de forma espontánea ajustando más y más mi vivencia interior a lo que digo.

De aquí que, inmediatamente al descubrir pensamientos negativos o que expresan nuestros miedos o dependencias, será responsabilidad nuestra decidir si queremos permanecer en esa *«realidad»* o si preferimos ir *creándonos* una nueva, a partir de pensamientos diferentes y más ajustados a lo que nos gustaría vivir, pero formulados en positivo y en presente, de manera que nos resulte creíble, como, por ejemplo, utilizando fórmulas del estilo: *«Estoy en proceso de...»*

«Me abro a...» (vivir con más paz, o crecer en tal aspecto, o mejorar tal relación, etc...).

O también, cuando nos descubrimos «atrapados» en pensamientos negativos o que no nos gustan, el simple hecho de repetir nuestro mantra nos ayudará a cambiar la vivencia que está en la raíz del pensamiento inconveniente. Si has practicado el ejercicio de los mantras, seguro que ya lo has constatado.

No en vano los antiguos maestros espirituales, tanto de Oriente como de Occidente, hicieron de *la guarda del pensamiento* un elemento capital de su enseñanza. Una vez más, te invito a que explores por ti mismo y saques tus propias conclusiones...

34

El deseo y el miedo

Cuando vayamos habituándonos a estar atentos a lo que vivimos y a lo que ocupa nuestra mente en cada momento, observaremos que la mayoría de vivencias o pensamientos que percibimos como obstáculos o tropiezos para mantenernos en paz se pueden clasificar en uno de estos dos ámbitos: o bien pertenecen al reino del *deseo* o bien al del *miedo*.

Cabe decir, en principio, que tanto el deseo como el miedo tienen originalmente una función positiva. Respecto al deseo, sería el dinamismo instintivo que ayuda a la supervivencia del individuo (deseo de alimento, vestido, vivienda, trabajo que nos realice, etc.) y a su continuidad en cuanto especie (deseo sexual, de dar y recibir afecto, protección de los hijos, etc.). En lo tocante al miedo, se trataría de un impulso instintivo de protección frente a posibles peligros reales que podrían amenazar la propia supervivencia o la de los nuestros.

El problema surge cuando nos hacemos esclavos de estos impulsos básicos espontáneos y los alimentamos de manera innecesaria y desproporcionada con pensamientos que nos apartan de la conciencia del presente y que a menudo suelen aumentar deseos y miedos hacia objetos que ni nos convienen —en el caso de los deseos—, ni son peligros reales para nosotros —en el de los miedos—. Toda la publicidad de nuestro mundo consumista sabe muy bien cómo aprovechar estas tendencias nuestras.

Tanto el deseo como el miedo, cuando los alimentamos innecesariamente con el pensamiento, atan nuestro corazón y mantienen nuestra conciencia en cierta *compresión* (lo opuesto a la *expansión* del Amor), reforzando en nosotros la falsa conciencia de un *pequeño yo individual* consistente y separado de los demás individuos, que marca su identidad a través de lo que desea o lo que teme. Nuestro *ego* —o conciencia de un yo separado— vamos configurándolo, pues, a través de estas dos actitudes básicas: el deseo y el miedo.

Las dos constituyen entonces la antítesis del Amor, pero de manera diferente. El Amor es expansión y libertad, ausencia de límite e infinitud que nos sumergen en una *no-dualidad* misteriosa, que nos causa vértigo y a la vez nos atrae. El Amor supone atravesar el umbral de cierta conciencia de *perderse* para entrar en otra de *Plenitud,* y para atravesar este umbral se precisa una determinación interior absoluta y total.

El deseo y el miedo son justo lo contrario: *apego* del ego individual a personas, objetos materiales, situaciones o experiencias, que nos proporciona una falsa sensación de identidad, manteniéndonos, al mismo tiempo, en una permanente insatisfacción de fondo. Este *apego,* no obstante, se da de manera diferente en el deseo y en el miedo: en el deseo es apego por *atracción,* y en el miedo, por *aversión.* Queremos poseer aquello que deseamos y queremos evitar lo que tememos. Pero uno y otro mantienen *apegados* y ocupados tanto nuestra mente como nuestro corazón.

Para el ego individual es evidente que le resulta mucho más cómodo el deseo que el miedo, pero eso no significa que ambos no sean igual de nocivos.

¿Cómo manejarnos frente a nuestro mundo interior de deseos y miedos? En primer lugar, hay que aprender a *detectarlos* y *observarlos,* cosa no siempre fácil por lo identificados que estamos con ellos muy a menudo. Tomar conciencia de ellos supondrá ya tener cierta capacidad de *distanciamiento* de nosotros mismos y ser capaces de observarnos a manera de espectadores. Cuanto más libres de prejuicios y más dispuestos a aceptar todo lo que aparezca nos hallemos, más objetivamente podremos constatar lo que hay en nuestro interior.

En segundo lugar, una vez detectados tanto los deseos como los miedos, habrá que *aceptarlos,* cosa que a menudo supone un buen ejercicio de humildad, porque no es fácil reconocer nuestras faltas de libertad.

Y en tercer lugar, habremos de *trabajarlos* de alguna manera para ganar en libertad. Este trabajo puede hacerse a dos niveles complementarios: el psicológico y el espiritual. Respecto al psicológico, el solo hecho de poder hablar de ello, con un amigo o un terapeuta, ya puede ser curativo. Si la dependencia del deseo o del miedo fuese demasiado grande, se precisaría ciertamente el acompañamiento terapéutico de un profesional, pero en la mayoría de los casos bastará utilizar los medios que la vida pone de forma espontánea a nuestro alcance si estamos atentos y receptivos a ella. En este camino de liberación, probablemente habremos de combinar al mismo tiempo la *comprensión* amable con la *decisión* firme.

Respecto al nivel espiritual, la meditación, en cuanto nos ayuda a afinar nuestra conciencia interior, es un instrumento inmejorable para darnos cuenta de los vínculos que hemos ido reforzando a través del deseo y el miedo, y al mismo tiempo, un camino muy eficaz para ir trascendiéndolos y abrirnos a espacios de auténtica *Libertad*. Así como el deseo y el miedo encuentran en la mente y en su permanente proyección temporal hacia el pasado o el futuro su mejor aliado, la meditación nos sumerge en un presente pleno que nos permite gustar de aquello que no depende del tiempo, de aquello que llamamos –por decirlo de algún modo– *Eternidad*.

35

Meditación y vida

El título de este capítulo es un poco equívoco porque podría dar a entender que los tiempos dedicados a la meditación y el resto de la vida son dos cosas diferenciadas, cuando, si bien hay diferencia en lo tocante a las formas, no tendría que haberla respecto al fondo.

Si has seguido de alguna manera el proceso de ejercicios propuesto, habrás constatado que resulta imposible hacer un corte entre la meditación y el resto de las actividades del día, ya que la meditación proporciona una calidad de conciencia que incide en el resto de la jornada: es como si nos *despertase* y toda nuestra capacidad de relacionarnos con el exterior cobrase una nueva profundidad. Esto comporta una *sutileza* de espíritu, es decir, una sensibilidad especial respecto a todo lo que supone algún tipo de desarmonía en nuestra propia vida o en la de los demás. Rápidamente, percibimos lo que *encaja* o no, lo que *se ajusta,* con lo que hemos vivido cuando meditábamos. Por eso, entrar en una dinámica de meditación es adentrarse en un camino exigente, en el sentido de que irá conduciéndonos –amable pero imparablemente– hacia determinados cambios en nuestro estilo de vida que quizás al inicio no habíamos previsto. Esto puede referirse a nuestra relación con los demás (cambios en las relaciones familiares, en las amistades o en la forma de relacionarnos con ellas, acabar con resentimientos o antiguas enemistades, etc.), o con nosotros mismos, llevándonos a replantearnos nuestro estilo de vida, cómo utilizamos el tiempo, quizás de nuestra misma ocupación profesional, cómo nos relacionamos con el dinero o los bienes materiales en general, cómo vivimos la relación con el propio cuerpo en lo que respecta a sus funciones básicas: comida, descanso, sexualidad, ejercicio físico u otros hábitos saludables, etc.

A menudo, se producen también cambios en el terreno de las aficiones o el esparcimiento, hallando más placer en aquello que nos ayuda en la dirección iniciada: la naturaleza, determinada música o lectura, ciertas prácticas físicas como el paseo reposado o técnicas orientales (yoga, tai-chi, etc.).

También se nos *afina* la sensibilidad respecto a la naturaleza. Nos sentimos cercanos y «conectados» con todo lo que la constituye, de tal manera que evitamos espontáneamente causar desarmonía o dolor innecesarios, tanto en el reino animal como en el vegetal.

La meditación ensancha el ámbito de nuestra implicación, haciendo que nos resulte próximo o familiar lo que antes nos parecía lejano y emocionalmente distante: así, sentimos cualquier catástrofe natural o provocada (guerras, atentados, etc.) como si afectase a alguien que no nos es lejano. Se nos despierta un sentido mucho más agudo de *comunión* y *solidaridad* que afectará a todas nuestras opciones vitales.

Podríamos decir que nuestra vida entera empieza a ser vivida *más intensamente:* aumenta de forma extraordinaria la capacidad de disfrutar –de la naturaleza y de lo que nos ofrece, de los demás y de las relaciones humanas en general–, pero también de experimentar la compasión (sufrir-con), despertando una manera de vivirla que va más allá del nivel puramente emocional, situándose sobre todo en la dimensión de la *comunión* profunda o espiritual.

Por todo ello, entrar en serio en el camino de la meditación supone necesariamente un cambio cualitativo de nuestra vida, que no siempre resultará fácil o cómodo, y que nos introducirá en un proceso permanente de *discernimiento* o *discriminación* de si lo que estamos haciendo o viviendo es lo adecuado. Este proceso de discernimiento no estará ya solo fundamentado en los principios aprendidos y en procesos de reflexión puramente racionales, como a menudo lo vivíamos hasta entonces, sino en una especie de *sintonía* interior que nos dice –más en el nivel de la *intuición* que en el de la razón– qué es lo más adecuado en cada caso.

Curiosamente, hechos, formas y comportamientos que antes valorábamos de una determinada manera, ahora los contemplamos con mayor relatividad y somos más benévolos y tolerantes a la hora de emitir juicios. Y otros que antes no teníamos suficientemente en cuenta, ahora se vuelven más significativos porque descubrimos mejor su incidencia negativa o positiva en nuestra vida o en la de los demás. Es como si los antiguos criterios morales ahora no dependieran tanto de los *principios* aprendidos cuanto de la *evidencia* interior que, sin dejar de lado la racionalidad, se vuelve mucho más intuitiva y sabe valorar cada situación concreta así como el hecho de no quedarse solo en el terreno de los principios generales.

Como decía, estos cambios no siempre resultarán fáciles o cómodos, y aquí radica la causa de que mucha gente que comienza entusiasmada este camino de atención y profundidad acabe abandonándolo, porque no podemos vivir con una tensión interior durante mucho tiempo, y, o acabamos viviendo según el nivel de conciencia que vamos despertando, o decidimos instalarnos en un nivel de conciencia que no comporte tantos cambios, y por consiguiente, abandonamos, de golpe o poco a poco, la meditación (¡cuidado con las resistencias sutiles que se expresan en forma de pereza, obligaciones urgentes, falta de tiempo, etc.!). La libertad da miedo: todos la deseamos, pero cuando la tenemos a nuestro alcance, a menudo preferimos que nos pinten y decoren las paredes de nuestra prisión interior a que nos saquen de ella, como decía Tony de Mello.

36

Maduración psicológica y meditación

Este no es un tema sencillo porque ambos aspectos se relacionan e implican mutuamente. Para plantearlo de una forma concisa nos preguntaríamos cuál sería la incidencia de la madurez psicológica en el proceso meditativo y, a la inversa, en qué sentido la meditación podría ayudar al proceso de crecimiento y maduración psicológica. Parecería una cuestión puramente teórica, pero al menos a mí, tanto en el propio camino de crecimiento personal como en el trabajo con los demás, no siempre me ha resultado fácil encontrar el punto adecuado.

Existe un paralelismo con la cuestión física que creo que ayuda a entender los términos de la dificultad: parece evidente que no resulta demasiado cómodo o fácil ponerse a meditar cuando el cuerpo está dolorido, enfermo o débil. No es fácil estar tranquilo y concentrado si tenemos dolor de cabeza, o el sistema nervioso alterado o la tensión descompensada, o si el cuerpo está demasiado cansado y lo que pide es reposo y sueño. Y esto nos pone en evidencia la necesidad de cuidar la salud con el adecuado ejercicio físico, alimentación, descanso, ritmo de vida, etc., si queremos disfrutar de la meditación y hacer de ella un medio que dé profundidad de conciencia a nuestra vida.

Pero si nos pasásemos el día pendientes del cuerpo y sus necesidades, correríamos el peligro de hacer de él un absoluto y perder el punto justo de tal manera que lo que debería ser una ayuda podría convertirse en un obstáculo y, por tanto, nos costara realizar el «salto de trascendencia» (ir *más allá* del cuerpo, de la mente, de los sentimientos, etc.) que la meditación implica.

Y a la inversa, está claro –y la medicina psicosomática cada vez nos da más muestras de ello– que la meditación tiene gran incidencia benéfica en la salud corporal y que puede ayudar enormemente al reequilibrio físico, cuando este se ha perdido. Pero encontramos también muchos ejemplos a lo largo de la historia y en diferentes contextos religiosos de personas que han querido potenciar tanto el trabajo interior sin tener suficientemente en cuenta al cuerpo, que este ha acabado pasándoles factura.

Con el psiquismo pasa algo similar, aunque el punto de madurez y salud no es tan fácil o evidente de constatar como ocurre con la salud física: mucha gente puede decir espontáneamente «Gozo de buena salud física» y, en cambio, no solemos encontrar demasiada gente que nos diga «Estoy muy sano psicológicamente», quizás porque esto no sea tan fácil de delimitar. Muchas veces, ni siquiera somos conscientes de nuestros desajustes psicológicos, tanto en las causas como en los síntomas (son los otros quienes nos los detectan). Si esto constituyese un desarreglo importante, nos hallaríamos ya en el terreno de la enfermedad psicológica o psicopatía y no meramente en el de la inmadurez.

Parece claro que para comenzar un proceso meditativo se requiere un *mínimo de equilibrio psicológico* que haga posible una inmersión en las profundidades de la conciencia donde aparecerán quizás vivencias agradables y gratificantes, pero también otras mucho más incómodas, que nos obligarán a reforzar la conciencia de *espectador* para poder contemplarlas con cierto distanciamiento y no quedarnos atrapados en ellas mental o emocionalmente: vivencias del pasado lejano o inmediato, miedos, ansiedades, deseos, proyectos o fantasías de futuro, etc.

En este sentido, en ciertos casos, antes de ponerse a meditar, podría ser necesario un proceso previo de *terapia o acompañamiento psicológico* que ayudara a obtener una capacidad mínima de conciencia, de objetivación y de aceptación del propio mundo interior. Y una vez conseguido esto, no parecería nada incompatible, sino en muchos casos muy beneficioso, un acompañamiento psicológico simultáneo al proceso meditativo en el que los dos medios se ayudasen mutuamente (siempre y cuando, claro, que el que acompañe psicológicamente pueda entender, por haberlo experimentado de alguna manera, el proceso meditativo que vive la otra persona).

¿Qué grado de madurez se precisará para iniciar un proceso de meditación? Como en el proceso meditativo es fundamental la capacidad de *discriminación* o *discernimiento* de lo que va surgiendo –tanto durante la meditación como fuera de ella–, no es lo mismo iniciarlo con una persona más experimentada que nosotros, que pueda acompañarnos y aportar dicho discernimiento, que hacerlo solos. En este caso, precisaremos de la madurez necesaria para poder *objetivar* y contemplar con cierta perspectiva lo que vamos viviendo. Si tendemos a *distorsionar* la imagen que nos hacemos del mundo exterior, por el hecho de proyectar demasiado en él nuestro mundo interior de miedos o deseos, es muy probable que continuemos haciéndolo en la meditación, y que esta no nos conduzca demasiado a buen puerto. Afortunadamente, en este último caso, por lo general, se abandona la práctica meditativa con cierta rapidez. Pero si la intención es realmente buena, a pesar de las inmadureces, dudo mucho de que la vida no proporcione a aquella persona los medios de discriminación mínimos –personas, libros, etc.,– que le faciliten el camino.

¿Cuál puede ser, en cambio, la repercusión positiva de la práctica meditativa en nuestro camino de maduración psicológica? Yo diría que fundamentalmente el hecho de que la meditación despierta al *espectador* de sí mismo, es decir, la capacidad de tomar conciencia más afinada de nuestro mundo psicológico, como *desde fuera* –no un *fuera* que se sitúa en la superficie, sino en la profundidad–: los pensamientos, las fantasías imaginativas, los deseos, los miedos, las tristezas o cualquier otra emoción, las predisposiciones psicológicas –tanto en la manera de pensar como de actuar– que nos han quedado de las experiencias pasadas, etc.

Tras la toma de conciencia de lo que vivimos interiormente, no resulta fácil aceptarlo si nos identificamos con ello como si nuestro mundo psicológico fuese nuestra última realidad. En cambio, si despertamos al *espectador* de todo ese mundo, es como si nos *desidentificásemos* de él y pudiésemos contemplarlo con cierta distancia, cosa que nos facilita la *aceptación* profunda, tanto de lo que nos gusta como de lo que no.

Y ahora que se habla tanto, en psicología, de la *autoestima,* nos percatamos de que una autoestima real solo puede darse a partir de ese conocimiento y esa aceptación profunda de todo lo que hay en nosotros –lo que nos gusta y lo que no, lo que ya descubrimos libre y lo que no tanto, lo que ya ha madurado y lo que aún está en camino de hacerlo–. No amamos, pues, una *idealización* de nosotros mismos, sino lo que realmente vivimos. Y sobre todo, cuando vamos entrando en los nuevos «espacios interiores» en que la meditación nos introduce, el descubrimiento de nuestra última Realidad, que es un horizonte infinito de luz, paz y amor, deja muy relativizada nuestra limitación individual y cuesta mucho menos amarla.

Y finalmente, la meditación nos pone en contacto con nuestra *sabiduría interior,* más allá del intelecto o de la pura racionalidad, sabiduría interior que es más intuitiva que racional, más sintética que analítica, más holística o global que parcial, más conectada con el Todo que limitada al individuo. Esa parte de nosotros que, por decirlo de una manera más biologista, se activa y se expresa en mayor grado a través del hemisferio derecho del cerebro que del izquierdo.

Y este conectarnos con la sabiduría interior tiene unas repercusiones enormes en la vida práctica, porque lo que nos guía ya no es exclusivamente la mente, sino, y aún con mayor intensidad que esta, el *corazón,* expresión con la cual nos hemos referido en este libro a esa dimensión de nosotros mismos.

Una última cuestión me parece también muy importante: si tendemos a personalizar al Absoluto y a establecer una relación de diálogo con Él, la *imagen* que nos hayamos hecho de Él nos condicionará enormemente en el tipo de relación que establezcamos con Él. Y tanto en la imagen como en el tipo de relación, proyectaremos nuestra psicología. No es lo mismo crearnos una imagen del Absoluto primordialmente como un Padre amoroso y providente que otra en la que primen los aspectos de Juez justo que purifica y hace justicia. Y nuestra relación con Él no será la misma si hemos estado educados en la experiencia de ser amados y en la confianza, en nuestra relación con los adultos, que si más bien hemos estado marcados por el miedo y la culpabilidad.

Y también, en el caso de que personalicemos al Absoluto, no es lo mismo sentirnos en relación con un *Dios personal* al que creemos *próximo,* con quien podemos establecer un diálogo íntimo y familiar, que hacerlo con un Dios *«Todo Otro»* y *trascendente,* con el cual la relación más adecuada será la del respeto y la adoración.

Y huelga decir cuán diferente será la relación con ese Absoluto si prima en nosotros no tanto la imagen de un Dios personal como la concepción de un *Ser inmanente* a todo, a la vez *Presencia silenciosa* y *Energía dinámica y vivificante* de todo. En ese caso, nuestra relación con Él se expresará más en términos de *conciencia* y *despertar* a *Aquello que somos* y no tanto en términos de diálogo interpersonal.

Y leyendo esto, seguro que no habréis pensado solo en la vivencia individual de esta relación, sino en la de los grupos humanos: es evidente que las diferentes religiones han suscitado culturas muy diversas a partir de esas diferentes maneras de concebir al Absoluto. Lo más bonito del caso es que el Absoluto trasciende toda imagen que nos hayamos podido crear de Él, y que —al menos para mí— todas las anteriores sean válidas, aunque limitadas; y lo más triste es que al convertir en absoluta cualquiera de estas imágenes, la hemos transformado en un instrumento de separación y sufrimiento.

¡Ya se encargará el proceso meditativo de ir destruyendo nuestras seguridades en lo tocante a esa imagen e invitarnos a avanzar siempre *más allá!*

37

Meditación en grupo

Quizás merezca la pena que nos entretengamos algo más en este aspecto, por la importancia que tiene.

Cuando hablábamos de las mediaciones,[25] ya hacíamos referencia a la importancia de estas en el camino de maduración interior, por más que no hubiéramos de convertirlas en absolutas. Entonces, nos referíamos primordialmente a personas que nos ayudaban de forma individual en su enseñanza, ejercida tanto por su palabra como por su comunicación «corazón a corazón». Del grupo hablábamos solo de paso.

Cuando varias personas se unen para meditar en grupo es como si estableciesen entre ellas unos «vasos comunicantes» que producen una especie de «trasvase» de bienes interiores, un compartir lo mejor de cada uno con los otros. Aquel que tiene más

---

[25] Cf. capítulo 29.

enriquece al que tiene menos: quien está más sereno aporta paz al que llega más agitado o nervioso; quien está más concentrado ayuda a crear un ambiente que facilite la concentración del que está más disperso.

Este es un aspecto que confieso que no deja de sorprenderme: la meditación en grupo genera una energía muy especial que ayuda mucho a la concentración y al despertar interior de los participantes. La sorpresa proviene —al menos en mí— del hecho de que este incremento de la energía o la atmósfera espiritual no sería tanto una suma de las energías individuales —las que cada individuo aporta al grupo a través de su apertura interior y su concentración— como una *multiplicación.*

La vivencia del *silencio* meditativo practicado en grupo crea una comunión muy especial entre sus miembros, que facilita enormemente el uso posterior de la *palabra* en un diálogo que no será ya un intercambio de ideas que provienen en exclusiva de la mente, sino también de los «espacios del Corazón», diálogo que se desarrolla en un ambiente de paz y comunión. El silencio da, pues, profundidad a la palabra y a toda la comunicación en general (aspectos verbales y no verbales).

Por eso, no es nada raro que un grupo de meditación derive espontáneamente en un grupo de amigos, y a menudo aún más, en una *comunidad* real: cuando se vive la *unidad (no-dualidad,* dirían los orientales) con los compañeros, en lo profundo de cada uno, no resulta demasiado difícil expresarlo después a través de otros aspectos: la convivencia, el servicio compartido, los rituales religiosos, la fiesta, el esparcimiento, etc.

Y en la misma línea, las parejas que practican la meditación en común dan testimonio de cómo les es de gran ayuda, tanto en los tiempos en que la relación es fluida como cuando pasa por dificultades, porque crea el ambiente adecuado para poder afrontar estas.

Y continuando con el ámbito familiar, no hemos de desmerecer la capacidad de conexión con el interior que tienen los niños. Adaptándolo a su psicología (tiempos no demasiado largos, jugar con los signos: fuego, agua, imágenes, gestos corporales, música suave, etc.), darles una pedagogía del silencio que complemente la de la palabra (que puede volverse fácilmente exhaustiva y superficial, sobre todo la de los medios de comunicación), creo que es uno de los mejores patrimonios que podemos legar a nuestros hijos. Hay que decir, no obstante, que los niños detectan de inmediato si el silencio que los adultos quieren enseñarles es una experiencia real de estos o una mera estrategia educativa. Si los adultos lo viven, ellos lo perciben y, a su manera, se les suman.

Epílogo
Mi decálogo

Ahora que llega el momento de la despedida, he de confesarte, amigo lector, que desearía que, como mínimo, lo hayas pasado tan bien leyendo estas páginas, y sobre todo poniendo en práctica lo dicho, como yo escribiéndolas.

Antes de acabar, no obstante, y a manera de epílogo y despedida, he pensado que quizás podría servirte el siguiente «decálogo», que un buen amigo me pidió, con la intención de hacer una recopilación y posterior publicación de los «decálogos» que han conducido las vidas de diferentes personas que él aprecia y valora, entre las cuales me hizo el regalo de contarme. El tono del escrito es más personalizado que en capítulos anteriores, y he de reconocer cierto pudor al incluirlo, pero me parece que resume en cierta manera todo el libro. Si has llegado hasta aquí en su lectura, creo que esta licencia puede servir para confirmar un vínculo de afecto y comunión, a pesar de que probablemente no nos conozcamos.

Lo que envié a mi amigo rezaba así:

Las pautas o líneas de fuerza que me han ayudado a vivir han ido expresándose de manera diversa a lo largo de las diferentes etapas de la vida. Si hubiera, como se me pide, de formularlas en el presente, serían, más o menos, como siguen, teniendo en cuenta que significan más un camino o proceso que una realización ya plena. Pues, en este último caso, probablemente no escribiría nada y me limitaría a sonreír, como el Buda... y con ello todo estaría ya dicho.

1. **Vivir plenamente el *presente,* reconciliado con el pasado y esperanzado por el futuro.**
Asumir el pasado con sus alegrías y situaciones dolorosas como camino de aprendizaje que me ha conducido al presente y contemplarlo, por tanto, con agradecimiento.

Sentirme, consciente del sentido y la armonía de fondo que ha tenido el pasado, también plenamente confiado en el sentido y la armonía que tendrá el futuro.

Pero, sobre todo, vivir un presente pleno, que incluya a la vez el pasado y el futuro.

2. **Estar *despierto* a las sensaciones corporales, a los sentimientos, a los pensamientos y al Silencio que los sustenta.**
La llamada a la atención permanente me llega de todas las tradiciones religiosas y maestros. La recibo como una invitación a una *curiosidad* que me mantenga receptivo al *exterior:* personas, acontecimientos, cualquier ser vivo o simplemente material. Y también como una invitación a ser *testigo* silencioso

de todo lo que sucede en el *interior* del individuo que soy, al nivel que sea –corporal, psicológico o espiritual.

3. *Dar gracias* **por todo: lo que me gusta y lo que me causa dolor o trastorno, porque todo tiene sentido en el camino de ser Persona.**

El agradecimiento es una pedagogía que me ayuda a reconciliarme con todo, sea agradable o doloroso, y a poder contemplarlo con una perspectiva de profundidad.

El agradecimiento me ensancha el alma y la conecta con la Fuente.

4. **Caminar hacia la «Aceptación Total de Todo» a través de la** *aceptación* **de todo lo que acontece en el día a día.**

Un sabio cristiano, recientemente fallecido, escribió hace unos años en una carta de felicitación pascual: «Cristo Resucitado es Aceptación Total de Todo». Esto es una especie de *koan* (hablando en términos de zen) que no puede ser comprendido por la mente que discrimina de forma espontánea lo «bueno» de lo «malo».

Paradójicamente, las personas que he conocido que han asumido esto son las más implicadas y eficaces en cambiar las situaciones «malas» de la humanidad: pobreza, enfermedad, marginación o injusticia. Su corazón respira paz y una enorme energía interior.

5. **Estar realmente** *abierto a recibir y a dar.*
Fui educado, tanto en casa como en la escuela y en el ámbito religioso, más para dar que para recibir.

Con los años, he comprendido que el verdadero *compartir* supone saber recibir con unos brazos y un corazón bien abiertos, y saber dar con la misma apertura. Y así voy pasando de una vida meramente «con sentido» a una vida feliz.

El «salud, dinero y amor» de la canción lo encuentro sabio, como ámbitos del dar y el recibir, porque comprenden la relación con el propio cuerpo, con la materia, con los demás y también la dimensión espiritual o transpersonal.

6. **Amar la** *soledad.*
Porque me muestra los propios límites, me hace consciente de los propios dones y recursos y me facilita la apertura a la propia Infinitud, donde se realiza la comunión con todo y con todos.

7. **Amar la** *relación.*
Porque me sirve de espejo para conocerme más objetivamente y me es una escuela de aceptación y de amor concretos.

8. *Saltar interiormente en el gran Vacío...*
... que unifica el interior y el exterior en una única Realidad, a la vez limitada –criatura– e infinita –divina.

Hace unos días, caí en la cuenta de que solemos traducir el verbo inglés *surrender* por la expresión «abandonarse», cuando la expresión literal «rendirse» me parece aún más expresiva de la actitud adecuada: «dejar de luchar», dejar de resistirse, aceptar perderse en el Todo, para llegar a ser Todo.

9. Aspirar a vivir *integralmente...*

... atendiendo a todas las dimensiones de mi «ser en el mundo»: la materia, el cuerpo, la mente, el alma, la sociedad en que me muevo, con su alma y su cultura propias que configuran mi propia alma y cultura; la humanidad plural a la que pertenezco, y la naturaleza y el mundo que me acoge y me alimenta.

Y todo ello intentando vivirlo a un tiempo con la intensidad de quien lo siente todo como propio y la libertad de quien lo contempla desde el Trasfondo, que lo acoge y abraza todo mientras pronuncia su «Todo es Bueno».

10. Esta última pauta sería como la *síntesis de todo lo anterior:*

Amar, amar, amar...

O mejor: *ser Amor, ser Amor, ser Amor.*

O mejor aún: *Ser, Ser, Ser.*

O mejor, simplemente: *respirar, mirar, comer, hablar, sonreír, llorar, jugar, enfadarme, intimar, acoger, trabajar...* con un corazón lo suficientemente inmenso para que ninguna alegría o dolor humano me sean extraños.